EDAF

MADRID - MÉXICO

Los 10 errores más comunes de los padres...

y cómo evitarlos

TU HIJO Y TÚ

Título original:
THE 10 MOST COMMON MISTAKES GOOD PARENTS MAKE

Traducido por:
JULIA FERNÁNDEZ TREVIÑO

© 1998. Kevin Steede, Ph. D.
© 1999. De la traducción, Editorial EDAF, S. A.
© 1999. Editorial EDAF, S. A. Jorge Juan, 30. Madrid.

Dirección en Internet: http://www.arrakis.es/~edaf
Correo electrónico: edaf@arrakis.es

Para la edición en español por acuerdo con Prima Publishing, a division of Prima
Communications, Inc. Rocklin, CA (USA)

Depósito legal: M-2370-1999
ISBN: 84-414-0497-6

PRINTED IN SPAIN   IMPRESO EN ESPAÑA
Gráficas COFÁS, S. A. - Pol. Ind. Prado Regordoño - Móstoles (Madrid)

*A mi hija, Lindsey, que continuamente
me recuerda que cada nuevo día
se avanza en el trabajo.*

Índice

———

Introducción

Sobre cómo ser padres

D E MODO QUE ES USTED padre/madre. ¿Qué significa exactamente ser padres? Obviamente quiere decir que se ha comprometido usted a traer al mundo un niño. ¿Define esto la paternidad/maternidad? ¿El hecho de traer al mundo un niño los ha convertido en padres? No lo creo.

No existe tarea más importante en el mundo que la de ser padres. Como psicólogo, he elegido trabajar con niños y adolescentes y con sus familias porque creo que los padres tienen un papel fundamental en las vidas de sus hijos. Creo firmemente que si se ha decidido traer un niño al mundo, se tiene la obligación de trabajar activamente con el fin de darle lo necesario para que triunfe en la vida. Nada es más importante. Por otra parte, un hombre sabio dijo en cierta ocasión: «Será mejor que criéis bien a vuestros hijos ya que ellos serán quienes elijan la residencia de la tercera edad para vosotros».

La mayoría de los padres quieren hacer un buen trabajo con sus niños e intentan no hacerles daño ni rechazarlos. Sin embargo, muchos padres están tan atrapados en su rutina cotidiana que su trabajo como padres está relegado a un segundo plano. Desgraciadamente, a menudo prestan atención a sus hijos sólo cuando surge algún problema.

Piensen en esto. La mayor parte de las personas pueden expresar fácilmente cuáles son sus objetivos profesionales. Son capaces de recitar sus planes a largo plazo para la jubilación y para conseguir una seguridad financiera, pueden decir cuántas cuotas del coche les queda por pagar y cómo van a decorar la cocina. Sin embargo, la mayoría de los padres lo mirarán como si acabara de salir usted de debajo de la nevera si les pregunta cuáles son sus planes para que sus hijos crezcan sanos y felices.

Muchos padres ni siquiera han pensado en esto. Presumen que si simplemente continúan viviendo como lo han hecho siempre, no tendrán que preocuparse sobre cómo ser buenos padres. A menudo se quejan amargamente de cómo fueron educados por sus propios padres, pero no han encontrado el momento para detenerse a pensar cómo quieren ellos educar a sus hijos. No se han preguntado a sí mismos qué valores desean inculcar a sus niños. No han conversado acerca de cuáles son las mejores vías para que el niño desarrolle su autoestima. No han considerado cuánto tiempo deben compartir con los niños ni se han ocupado de disponer de un tiempo para ellos. Muchos padres sólo se ocupan de los hijos en el tiempo «que les queda libre».

Suelo tratar con madres y padres que no se ocupan de sus funciones parentales porque las dan por hechas, y estaba convencido de que había logrado evitar ese «síndrome de padre pasivo». Tal como indica la siguiente historia, no soy más inmune que ninguna otra persona.

Como padre, he pasado mucho tiempo con mi hija Lindsey. Sin embargo, un sábado del año pasado, cuando Lindsey tenía diez años, aprendí una lección acerca de cómo ser un padre activo.

Siendo el nuevo propietario de una casa antigua (en verdad creo que la casa me posee a mí), tenía que hacer un montón de trámites. Después de mis ocupaciones matutinas, Lindsey y yo fuimos a recoger unos cheques a mi despacho pues tenía que ingresarlos en el banco. Luego nos dirigimos a la lavandería, a continuación a la tienda de equipo informático y más tarde a la guardería local.

Comimos algo rápidamente y luego nos detuvimos en diversos establecimientos: una tienda de comestibles, otra de electrónica y finalmente una de calzado. Más tarde pasamos un momento por nuestra casa para salir de inmediato hacia una gasolinera, luego a lavar el coche y, finalmente, a una librería.

De regreso en casa, preparé la cena mientras Lindsey miraba la televisión. Después de la cena, ella tomó una ducha y yo me dediqué a reparar un artefacto. Una vez que hube fregado los cacharros, fui hasta su habitación donde ella estaba leyendo un libro.

Me senté a su lado y le pregunté si estaba preparada para acostarse. Levantó los ojos del libro y dijo: «Sabes, papi, me gustaría que pasáramos más tiempo juntos. Realmente lo echo de menos».

Me quedé estupefacto; tenía toda la razón. Aunque físicamente habíamos estado juntos todo el día, mentalmente habíamos estado a kilómetros de distancia. Como muchos de mis clientes que luchan por ser buenos padres, había caído en la trampa de dejar que la vida se encargara de criar a mi hija.

Los niños necesitan saber que sus padres experimentan *activamente* la vida con ellos, no les basta que simple y pasivamente los lleven de paseo. Cuando los padres son conscientes de algo tan sencillo, han dado un gran paso en la tarea de enseñar a sus niños a ser adultos felices e independientes que saben estimularse a sí mismos. Cuando no se les concede el tiempo necesario, los niños pueden convertirse en personas preocupadas y ensimismadas.

El sábado siguiente me encontraba nuevamente frente a una lista de cosas por hacer, pero decidí no repetir la equivocación del fin de semana anterior. Modifiqué el plan y, en vez de salir corriendo de casa, preparé un desayuno especial que tomamos juntos en el patio. Yo debía hacer unas cuantas cosas, pero esta vez Lindsey trajo consigo la grabadora para que pudiéramos cantar juntos en el coche. También hicimos un concurso para ver quién era capaz de descubrir más VW escarabajos, coches que ella denominaba «bicho holgazán».

Una vez en casa, yo tenía que ocuparme de algunas reparaciones eléctricas. Sin embargo, en vez de pedirle a Lindsey que se fuera a jugar, la impliqué en mis ocupaciones.

> Los niños necesitan saber que sus padres experimentan *activamente* la vida con ellos, no les basta que simple y pasivamente los lleven de paseo.

Disfrutó aprendiendo a utilizar el destornillador eléctrico y se sintió muy orgullosa de haber ayudado a su padre.

Cuando terminamos, salimos a dar un paseo en bicicleta por el vecindario. Fue maravilloso contemplar cómo disfrutaba con algo tan simple. Después del paseo me ayudó a preparar la cena y a fregar. Nos llevó un poco más de tiempo, pero Lindsey se sintió apreciada y se entregó con dedicación a lo que estábamos haciendo.

Después de que se duchara, nos sentamos en el patio trasero de la casa a identificar las estrellas y las constelaciones. Gran parte del tiempo lo pasamos mirando el cielo sin hablar.

Luego llegó la hora de irnos a la cama, y mientras entrábamos en casa me dijo: «Papi, éste ha sido uno de los mejores días de mi vida. Te quiero». No creo que haya descubierto mis lágrimas.

Con su sabiduría de diez años, Lindsey me había recordado (y se suponía que yo le estaba enseñando a ella) que, siendo más consciente y más activo como padre, yo establecía una gran diferencia en su vida. Por el mero hecho de modificar mi forma de ver las cosas, logré que un día agitado se convirtiera en uno que mi memoria guarda como un tesoro. Quizá quedaron algunas cosas pendientes, pero la recompensa ha valido la pena.

Haga un pequeño experimento. Pregunte a sus hijos cuáles son las cosas más importantes que han aprendido de usted. Se sorprenderá con las respuestas. Lindsey respondió: «Ser amable con los demás, creer en mí misma, no tomarme las cosas demasiado en serio y que este queso es el mejor». Bueno, tres entre cuatro, no está del todo mal.

Uno no nace *sabiendo cómo ser padre*... eso es algo que *se construye*. Ser padre implica acción, significa tomar decisiones sobre lo que desea que sus hijos sepan de la vida, sobre las relaciones, la honradez, el honor. Supone realizar determinados pasos con el fin de que los niños valoren su propio carácter y ayudar activamente a los niños a convertirse en adultos independientes y responsables.

Conozco una gran cantidad de madres y padres que han tomado la decisión de ser padres activos. Ellos prefieren estar en el patio del colegio o pasando un rato con sus hijos en vez de estar en el campo de golf o en la oficina el sábado por la mañana. Estas personas reconocen que ser padres es el trabajo más importante de su vida.

No quiero decir que ser un buen padre signifique estar todo el día con los niños. Muchos padres llevan una vida agitada y tensa; para muchos de ellos es necesario realizar diversos trabajos, y otros no tienen la suerte de tener una esposa atenta que les eche una mano.

> **U**no no nace *sabiendo cómo ser padre*, eso es algo que *se construye.*

Lo que estoy sugiriendo es que necesitamos aprender a ser padres de diferentes maneras. Necesitamos encontrar un equilibrio entre nuestro trabajo, nuestra necesidad de relajarnos y nuestras funciones como padres. Debemos elegir ser padres como prioridad y no como algo de lo que nos ocupamos cuando tenemos cierto tiempo libre.

Este libro está dirigido a todos aquellos que han elegido ser padres de una forma activa. Es un libro simple diseñado para guiar a los padres con el fin de que logren evitar las trampas más comunes en la educación de sus hijos y para ayudarlos a que desarrollen una actitud positiva y dinámica y a que sean efectivos.

Cada capítulo trata de los problemas más comunes de los que habitualmente me ocupo en la consulta. Las estrategias efectivas y sensatas que expongo son las mismas por las que la gente paga cientos de dólares en la consulta de un psicólogo. Al final de cada capítulo se incluye un pequeño cuestionario sobre los puntos más importantes que se han tratado. También se incluye una autoprueba para ayudarle a refrescar su memoria y para que compruebe si ha comprendido los temas más destacados y si los recuerda.

Cualquiera puede ser un gran padre. Sólo es necesario que esto sea una prioridad en su vida. También es de gran utilidad conocer las estrategias y habilidades expuestas en este libro. Continúe leyendo...

Colocar
minas mentales

LA MAYORÍA DE NOSOTROS deseamos lo mejor para nuestros hijos. Los disciplinamos, estimulamos y aconsejamos para que sean capaces de navegar con éxito las a menudo engañosas aguas de la infancia y de la adolescencia. Conscientemente, nunca haríamos nada que pudiera dañarlos.

En nuestro intento por enseñarles a desempeñarse en la vida y ofrecerles un sistema sólido de valores, en ocasiones podemos transmitirles ideas menos positivas, sin siquiera tener consciencia de ello. Estas «minas mentales» pueden ejercer un profundo impacto en la vida futura de nuestros hijos.

Como padres, tenemos nuestras propias inclinaciones y prejuicios, que con frecuencia se derivan de nuestras propias experiencias infantiles. Varias de estas creencias son positivas y beneficiosas, sin embargo, muchas de ellas suponen un impacto negativo en nuestras vidas. El mejor modo de evitar transmitirle a los niños esas minas mentales negativas e improductivas es reconocerlas en nosotros mismos y en nuestro propio estilo de educar a los niños. En este capítulo nos ocuparemos de algunas de las minas mentales más comunes.

Mina mental 1: «Debo destacarme en todo lo que haga»

La mayoría de los padres están obviamente interesados en estimular a sus hijos para que pongan dedicación en las tareas que emprenden en la vida y desean que ellos exploren libremente sus talentos e intereses. Sin embargo, a pesar de sus buenas intenciones, algunos padres transmiten involuntariamente otro mensaje a sus hijos.

Existe una línea muy fina entre lo que significa motivar a los niños a que den lo mejor de ellos en todo lo que *hacen* y transmitir la idea equivocada de que los niños *deben ser* los mejores en cada cosa que emprendan. Esta mina mental se coloca cuando se empuja a los niños a realizar actividades que no les despiertan demasiado interés. Y también cuando se los critica porque no han desempeñado perfectamente una determinada actividad.

Cuando esta mina mental queda incorporada en el sistema de creencias de un niño, se erosiona su autoestima. No existe modo alguno por el que un niño pueda ser «el mejor» en todo. Aquellos niños que sienten esa exigencia empiezan rápidamente a pensar que han decepcionado a sus padres y, en último caso, a sí mismos. Los adultos en quienes se ha implantado esta mina mental cuando eran niños se enfadan ante las expectativas de los demás con respecto a ellos o se deprimen por sentir que no pueden responder a tales expectativas.

Para evitar los efectos de esta mina mental, los niños necesitan realizar diversas actividades y deben ser alentados a explorar aquellos temas que les despierten mayor interés. Necesitan comprender que cada persona tiene diferentes intereses y capacidades, y que cada individuo es una combinación única de fuerzas y debilidades.

Una madre trajo a la consulta a sus hijos porque consideraba que necesitaban

Existe una línea muy fina entre lo que significa motivar a los niños a que den lo mejor de ellos en todo lo que hacen y transmitir la idea equivocada de que los niños deben ser los mejores en cada cosa que emprendan.

ayuda. Su hijo de ocho años, cuyo desarrollo físico era un poco inferior a los chicos de su edad, no mostraba interés por ningún deporte. Aparentemente prefería el ordenador y tenía bastante talento para trabajar con él. Por otro lado, su hija adoraba el atletismo y se retraía tímidamente de otras actividades tradicionalmente femeninas.

Los padres de estos niños habían invertido tiempo y energía intentando que el niño practicara deportes y desalentando a la niña para apartarla de las actividades que a ella le gustaban. El resultado era dos niños infelices por ser incapaces de destacar en las actividades que sus padres elegían. Mi consejo fue que los dejaran encontrar su propio camino y que disfrutaran de las actividades para las que tenían talento.

La madre se puso en contacto conmigo años más tarde para informarme que su hija acababa de ganar las carreras de atletismo de la ciudad y que su hijo había diseñado recientemente un juego de ordenador que una gran empresa estaba a punto de distribuir comercialmente. La moraleja de esta historia es que los niños deben ser estimulados para ocuparse de las actividades que más les interesen y para las que tienen más aptitudes, y no para las que elijan los padres.

Aunque los beneficios de estimular los talentos únicos del niño parezcan evidentes, muchos padres pretenden dirigir a sus hijos en una u otra dirección por diversas razones. Puede ser que el padre o la madre destaque en una determinada actividad y desee que su hijo o hija sea una copia fiel de sí mismo(a). Quizá alguno de los padres haya sido «menos que perfecto» en una determinada área y desea que el niño o la niña compense su incapacidad. Algunos padres bienintencionados viven a través de sus hijos para enriquecer sus propias vidas.

Los Dawson representan un ejemplo extremo de este caso. Acudieron a la consulta para que tratara a su hijo de diez años, Ben. Los padres eran personas con éxito personal y financiero. Estaban preocupados porque últimamente el niño había bajado notablemente su rendimiento en la escuela.

Se apresuraron a aclarar que no se trataba de un problema de comportamiento en el colegio. Su puntuación en conducta siempre había sido muy buena. Ben también se portaba bien en casa, excepto cuando se trataba de algo relacionado con los estudios. Con frecuencia se «olvidaba» de traer a casa la tarea y era bastante reacio a hacerla. Resultaba cada vez más difícil conseguir que se sentara a hacer sus deberes.

En este punto de la conversación empecé a considerar una serie de motivos para el fracaso escolar de Ben. ¿Acaso era incapaz de concentrarse? ¿Había ocurrido algo en la familia que le hubiera producido un estrés emocional? Quizá estuviera deprimido.

Para empezar a evaluar las diversas posibilidades, decidí formular preguntas específicas, empezando por la historia escolar de Ben. ¿Había sido siempre un buen estudiante? Me respondieron afirmativamente. ¿En qué momento habían empezado las dificultades? Realmente, lo habían advertido con el último informe. ¿Qué notas habían bajado y en qué medida? ¡Imaginen mi sorpresa cuando los padres, con expresión sombría, respondieron que la nota de matemáticas había pasado de 98 a 92!

No es preciso ser un genio para concluir que los padres de Ben lo estaban sometiendo a una tremenda presión para conseguir que triunfara. Ben sentía que, independientemente de lo que hiciera, nunca sería suficiente para sus padres; y probablemente tenía toda la razón. Ellos aspiraban que su hijo de diez años fuera perfecto.

Como sentía que de cualquier manera iba a desilusionarlos, comenzó a rebelarse. Su comprensible inseguridad por no complacer a sus padres lo condujo a desinteresarse por sus notas, que no alcanzaban la perfección, de una forma pasiva-agresiva. Prefería no hacer la tarea que arriesgarse a hacerlo de un modo imperfecto u olvidarse de uno de sus deberes que correr el riesgo de ser reprendido por sus padres por obtener una puntuación que no fuera sobresaliente.

Llevó tiempo, pero finalmente los Dawson comenzaron a entender la presión a que sometían a Ben. Les recomendé que tuvieran una pequeña conversación con él y que le aseguraran que lo amaban, independientemente de las notas que consiguiera. Además, les sugerí que le hicieran saber que confiaban en que él podía hacerse responsable de sus estudios y que ya no lo molestarían. Ellos debían dejar claro que estaban disponibles en cualquier momento que Ben los necesitara pero que era su responsabilidad pedir ayuda.

La estrategia funcionó. Al cabo de tres semanas, Ben volvía del colegio y hacía sus deberes sin quejarse. Su habitual mal humor desapareció y sus notas aumentaron. Se sentía mucho más feliz, y su autoestima subió hasta las nubes, porque era él quien se ocupaba de sus notas.

Los padres, como los Dawson, pueden evitar colocar la mina mental de «Tengo que ser el mejor» y promover las propias habilidades del niño elogiándolo por intentar hacer las cosas y no por sus éxitos. Estimular los *esfuerzos* de los niños en una determinada tarea en vez de insistir en el *nivel de éxito* aumentará su autoestima y se sentirán más motivados para emprender futuras actividades. Alienten a los niños para que den lo mejor de sí mismos y juzguen el éxito en relación con lo que se han esforzado.

Estimular los *esfuerzos* de los niños en una determinada tarea en vez de insistir en el *nivel de éxito* aumentará su autoestima y se sentirán más motivados para emprender futuras actividades.

Mina mental 2: «Soy mis logros»

Esta mina mental es prima hermana de la mina mental 1. Una vez más, esta idea se incorpora como resultado del deseo de los padres de que su hijo se destaque en todo lo que haga. Todos queremos que nuestros niños tengan éxitos y que se sientan bien consigo mismos.

Es importante comprender, sin embargo, que a los niños no les resulta fácil diferenciar la aprobación o la desaprobación de *lo que hacen* versus *lo que son* como individuos. En otras palabras, cuando alguno de los padres aprueba una determinada actividad, el niño puede interpretarlo como que el padre o la madre lo quiere. Y también sucede a la inversa: la desaprobación de uno de sus padres ante una acción cualquiera puede ser experimentada por el niño como un rechazo o una retirada de su amor. Esta tendencia se manifiesta especialmente en los niños pequeños.

Los niños necesitan desesperadamente saber que sus padres los quieren y los aprueban, independientemente de sus éxitos o fracasos. Este concepto fundamental se denomina «amor incondicional». En pocas palabras, el amor incondicional supone que nuestros niños estén seguros de que no existe nada que pueda provocar que sus padres dejen de quererlo. Podemos aprobar o desaprobar *comportamientos específicos,* pero nuestro amor por el niño no varía.

Mis clientes reaccionan a menudo ante este concepto con respuestas como «Por supuesto que nuestro hijo sabe que lo queremos». Mi respuesta es siempre «*¿Cómo* lo sabe?» Una vez más, a un niño no le resulta fácil diferenciar entre un padre enfadado y un padre que ya no lo quiere. Es responsabilidad de los padres asegurarse de que el niño comprende la diferencia y se siente seguro frente al amor incondicional de sus padres.

Los padres pueden comunicar ese amor a un niño de diversas maneras. Siempre que sea posible, asegúrese de dejar bien claro que la aprobación o desaprobación de determinadas conductas es algo diferente al amor que siente por su hijo. En especial con los niños pequeños puede ser necesario verbalizar esta diferencia. Si un niño rompe un jarrón valioso, por ejemplo, puede usted decirle: «No estoy enfadada contigo, Sean, pero estoy apenada porque tenía este jarrón desde hace mucho tiempo».

También es útil señalar que lo que se aprueba o desaprueba son los *comportamientos* y no las personas. Los comentarios como «Eres un buen chico» o «Hoy has tenido un día horrible» no son efectivos para modificar la conducta de los niños y generan confusión entre el amor y la aprobación. Decir «Me ha gustado mucho que me ayudaras a fregar sin habértelo pedido» o «Estoy enfadada porque no has sacado la basura» es más eficaz y mucho más claro que hablar de un modo más general. Cuando se le dice al niño que se lo quiere sin que haya realizado ninguna actividad particularmente digna de atención, éste recibe el mensaje de que su amor no está basado en su comportamiento.

Comprendí el daño que puede producir no entender el concepto de amor incondicional mientras miraba a mi hija jugar al baloncesto. Una niña del equipo contrario hizo un pase erróneo a una de sus compañeras y el equipo perdió el balón. El entrenador pidió tiempo y comenzó a gritarle a la niña, que estaba visiblemente alterada.

A lo largo del partido el entrenador se fue enfadando cada vez más con la niña, gritándole desde fuera del campo. La llamó «estúpida» y «perezosa». Al final del partido ni siquiera le dirigió la mirada cuando ella lloraba desconsoladamente. ¡Resultó que el entrenador era el padre de la niña!

¿Qué puede haber aprendido esta niña acerca del buen rendimiento y los logros? ¿De qué manera habrá afectado este episodio a su autoestima?

Insisto, cuando el amor es condicional, tiene efectos particularmente negativos en los niños más pequeños. Hace aproximadamente un año fui a una fiesta de cumpleaños en casa de un vecino. Los invitados estaban reunidos en una sala, riendo y bromeando. La pareja anfitriona había logrado que su hijo de tres años se fuera a la cama.

Media hora más tarde el niño apareció en la habitación. El padre, muy irritado, le gritó: «¡Maldito sea, te dije que te quedaras en la cama!». Y el niño se retiró rápidamente.

Después de unos minutos, me excusé para ir al lavabo y me encontré con el niño que estaba sentado en el vestíbulo, llorando. Cuando le pregunté por qué lloraba, giró tímidamente su cara bañada en lágrimas hacia mí y me preguntó: «¿Tú crees que mi padre me quiere?».

Aunque estos ejemplos son un poco dramáticos, demuestran claramente los efectos que produce en los niños el hecho de no expresarles directamente nuestro amor incondicional por ellos. Incluso los casos más sutiles en los que el amor de los padres es condicional, pueden tener un impacto negativo en nuestros hijos.

Los niños que sienten que sus padres los aman incondicionalmente crecen con más seguridad en sí mismos y desarrollan una mayor autoestima. Confían más en sus posibilidades y en sus recursos internos. Por el contrario, los niños que reciben un amor condicional se sienten inseguros y necesitan una aprobación externa para autovalorarse.

Esta dependencia de una aprobación externa los hace más vulnerables a las presiones exteriores. Muchos adultos que han experimentado un amor condicional buscan de un modo obsesivo la aprobación realizando progresos en su carrera o cambiando constantemente de relaciones. Nunca parecen ser capaces de recibir suficiente reconocimiento. Nunca creen ser suficientemente buenos. Desgraciadamente, estos individuos han aprendido a definirse a sí mismos a través de sus logros.

> Los niños que sienten que sus padres los aman incondicionalmente crecen con más seguridad en sí mismos y desarrollan una mayor autoestima. Confían más en sus posibilidades y en sus recursos internos.

Por otro lado, los niños que han disfrutado de un amor incondicional son muy diferentes. Su alegría, confianza y capacidad para tolerar la frustración distinguen a estos niños, que son más sociables y expansivos y muestran una mayor inclinación a emprender cosas nuevas.

Los adultos que han disfrutado de un amor incondicional cuando eran niños, tienden a ser más seguros y «centrados». Saben aceptar mejor las críticas y confían más en sí mismos que en los demás, cuando se trata de autovalorarse. Para decirlo simplemente, expresar a nuestros hijos un amor incondicional es una excelente inversión. ¡Es gratis, es divertido y funciona!

Mina mental 3:
«Las emociones negativas son perjudiciales»

Dos de los problemas más comunes que observo en mi consulta son: las mujeres que se quejan de que sus maridos son emocionalmente distantes y los maridos que se quejan de que sus mujeres tienen dificultades para expresar de una forma adecuada la ira y el resentimiento. Invariablemente, cuando investigamos estas cuestiones, descubrimos que estos individuos han incorporado el mensaje de que no es adecuado expresar las emociones que son «negativas», tal como la ira, la decepción, la frustración o la pena. El resultado es un adulto emocionalmente reprimido o invadido por la culpa.

Tomemos el caso de Don y Brenda. Esta pareja, ambos rondando la treintena, acudieron a mi consulta para discutir sus diferentes estilos para educar a los niños. Brenda tendía a estimular a sus dos hijos para que expresaran libremente sus emociones. Por ejemplo, después de haber perdido un partido de béisbol de la Pequeña Liga, Brenda estimulaba activamente a sus hijos para que compartieran su desilusión y su frustración. Si no eran capaces de expresar sus sentimientos, ella simplemente los abrazaba mientras lloraban.

La actitud de Brenda disgustaba profundamente a Don. A menudo le decía: «Brenda, deja de mimar a esos niños. Necesitan aprender a arreglárselas solos cuando las cosas no salen como ellos desearían». Aparentemente le disgustaba que sus hijos expresaran esas emociones «débiles».

Don era el propietario de una pequeña compañía de alfombras y se mostraba indiferente y reservado con sus empleados. Cuando su secretaria perdió a su pequeño hijo en un accidente, Don se mantuvo alejado y se mostró incómodo con sus frecuentes crisis emocionales. Incluso Brenda se volcaba en sus amigos o en su familia cuando necesitaba expresar sus emociones.

Don había sido criado en un hogar en el que no se estimulaba la expresión de las emociones. Era hijo de un supervisor de una fábrica y tenía siete hermanos; su padre rara vez estaba disponible para él. Cuando estaba en casa el padre, que era muy estricto, a menudo estaba cansado e irritable. Consideraba que la vida era muy difícil e intransigente y, como consecuencia, pretendía que sus hijos fueran «duros» para poder asumir el desafío de vivir.

Los padres suelen colocar la mina mental de «las emociones negativas son perjudiciales» porque ellos mismos se sienten incómodos al expresar sus emociones y, por lo tanto, son incapaces de ofrecer modelos adecuados a sus propios hijos. Su incapacidad para expresar las emociones fuertes, o para responder adecuadamente a ellas, se transmite a sus hijos. Por supuesto que los niños pueden llorar, y que es normal y saludable enfadarse.

Afirmaciones más sutiles, tal como «No te preocupes, lo harás muy bien», son tan dañinas como las anteriores. Cada uno de estos comentarios en boca de los padres podrían ser interpretados por los niños como que ellos no tienen el derecho de sentir una emoción determinada o que lo que están sintiendo no tiene importancia.

En un esfuerzo por lograr que sus niños se sientan mejor, los padres inconscientemente invalidan los sentimientos de sus hijos. Judy cayó en esta trampa con su hija Tiffany de 14 años.

Cierta tarde, Tiffany regresó a casa del colegio visiblemente enfadada.

JUDY: ¿Qué pasa cariño? Pareces enfadada.

TIFFANY: [Empezando a llorar.] Brad me ha dicho que no quiere seguir conmigo. Le gusta esa vieja y estúpida de Alicia. ¡Le ha pedido que vaya con él al baile el próximo mes!

JUDY: [Abrazando a su hija y con una débil sonrisa en sus labios.] Cariño, no te preocupes. Nunca me gustó mucho ese Brad, y además encontrarás otro chico agradable para ir al baile.

Desgraciadamente, en su intento por confortar a su hija, Judy probablemente le transmitió el mensaje de que no debía sentirse triste porque su novio la dejara. En realidad, es una respuesta perfectamente natural estar triste por esa razón. Judy debería haber reconocido y valorado los sentimientos de su hija antes de intentar reconfortarla.

En realidad, todos experimentamos una amplia variedad de emociones, algunas más placenteras que otras. Además, es natural y normal experimentar emociones «negativas» tal como la ira o el miedo. Esto lo aprendí en la escuela para graduados.

Cuando asistía a clases para graduados, fui asociado con una variedad de individuos que tenían un rasgo principal en común: eran excepcionalmente inteligentes. Todos ellos parecían saber exactamente lo que hacían, se los veía muy serenos y se ocupaban de sus diversas actividades con gran aplomo. Esta conducta era especialmente destacada en el caso de Melinda. Solía afrontar cada desafío sin sufrir ningún traspié. Yo temía que en cualquier momento Melinda y los otros estudiantes advirtieran lo asustado que estaba y pensaran que yo era un fraude, y que no pertenecía realmente a su grupo.

Por casualidad, me destinaron a un despacho para estudiantes graduados con Melinda y otros dos estudiantes. Después de dos semanas de compartir el despacho, Melinda repentinamente se dirigió a mí: «Kevin, ¿cómo lo haces? Parece como si siempre supieras lo que estás haciendo y nunca pierdes la serenidad». ¡Imaginen mi sorpresa! En ese momento aprendí que todos experimentamos miedo e inseguridad.

Nuestro objetivo como padres debería ser comunicar a nuestros hijos que tienen el derecho de sentir todo lo que deseen y que los sentimientos intensos son absolutamente naturales y todos los percibimos.

Nuestro objetivo como padres debería ser comunicar a nuestros hijos que tienen el derecho de sentir todo lo que deseen y que los sentimientos intensos son absolutamente naturales y todos los percibimos. Pueden existir formas apropiadas o inadecuadas de *expresarlos,* pero es totalmente normal y natural experimentarlos. Cuanto más cómodos se sientan nuestros hijos con sus emociones, más abiertos serán en sus futuras relaciones.

Mina mental 4:
«Debo gustar a todo el mundo»

Julie, una atractiva mujer de unos veintitantos años, contaba entre lágrimas una reciente experiencia con una cita a ciegas. El joven con quien se había citado llegó a recogerla y le anunció que había cambiado abruptamente los planes para esa noche. Durante la cena pidió la comida sin consultarla y fumó en la mesa sin preguntarle si le molestaba. Gran parte del tiempo lo pasó hablando por su teléfono móvil y el resto del tiempo hablando de sí mismo. No es de extrañar que Julie lo pasara fatal. Sin embargo, allí estaba en mi consulta llorando porque no la había llamado otra vez. ¡Se preguntaba qué es lo que había hecho mal!

Jason, otro cliente, me llamó cierta tarde en medio de un ataque de pánico. Estaba trabajando con un colega en un proyecto común. Con la respiración alterada, me describió un incidente que había tenido lugar ese día en su trabajo. Por la mañana antes de presentar el proyecto terminado al supervisor, Jason había advertido que faltaba una parte del sumario asignada a su colega. Cuando le indicó la omisión, éste se enfadó y le respondió irritadamente. Jason, a pesar de estar en todo su derecho, sintió angustia y remordimiento porque la cólera de su socio *obviamente* indicaba que él había hecho algo mal.

Estos dos casos tienen algo en común. Tanto Julie como Jason buscaban desesperadamente la aprobación de alguien para sentirse a gusto consigo mismos. Al buscar esta valoración exterior, se inclinaban por dudar de sus propias impresiones, motivaciones y acciones. Ambos se fiaban de los demás para sentirse bien.

Cuando somos niños, nos enseñan a llevarnos bien con los demás, nos indican especialmente que debemos responder a los deseos de nuestros padres, maestros u otras figuras de autoridad. También se nos alienta a jugar en armonía con nuestros compañeros y evitar los conflictos, siempre que sea posible.

En nuestra sociedad las niñas son especialmente vulnerables a estos mensajes. A pesar de que intentamos minimizar los estereotipos de los comportamientos sexuales, siguen existiendo diferencias en los mensajes que transmitimos a nuestros hijos e hijas. Los padres tienden a estimular la competitividad y la consecución de logros especialmente en los varones. Las niñas reciben el mensaje de ser agradables y educadas, incluso por padres que intentan evitar esas diferencias.

¿Y cuál es el problema, doctor? ¿Acaso hay algo malo en enseñar a nuestros hijos a ser agradables? ¿Acaso es erróneo enseñarles a llevarse bien?

Por supuesto que no. Es importante enseñar a los niños a tener buenas relaciones con los demás y a aceptar la autoridad cuando es necesario. El problema surge cuando la enseñanza se reduce a eso. Es importante aprender a equilibrar la necesidad de acomodarse a los demás y la comprensión de que es inevitable y normal que en alguna ocasión surja algún conflicto. Además, nuestros hijos deben aprender a expresar sus propios sentimientos adecuadamente y a sentirse seguros al hacerlo.

Los niños que crecen pensando que deben agradar a todo el mundo, sufrirán de ansiedad y dudarán de sí mismos. Su autoestima dependerá únicamente de los demás. Si te gusto, es porque soy una buena persona. Si no te gusto, debe ser por mi culpa. Tanto los niños como los adultos que basan su autoestima en las opiniones de otras personas son vulnerables de sufrir relaciones abusivas, presiones de sus compañeros y otras situaciones de explotación.

Al comunicar a los niños que no pueden ni deben agradar a todo el mundo, les evitaremos esta mina mental. Los padres deberían transmitir al niño que es inevitable que en algún momento surja algún conflicto y que, aunque deben escuchar puntos de vistas alternativos, también deben «mantenerse en sus trece» si sienten que tienen el derecho a hacerlo.

Al permitir que los niños expresen sus desacuerdos con los padres, se pone de manifiesto que los sentimientos y deseos del niño son importantes y valiosos aunque no se adapten a los de ellos. Lo ejemplificaré con un suceso reciente que le ocurrió a un amigo.

El hijo de Craig, Arnie de once años, le pidió permiso para comprar un trampolín que aparentemente era la moda en el barrio. Varios de sus amigos acababan de comprarse uno.

Comprensiblemente, Craig no estaba muy convencido. Aunque Arnie había ahorrado el dinero necesario, Craig consideraba que pronto se cansaría del trampolín y lamentaría haber gastado ese dinero. Explicó sus reservas a su hijo, pero éste estaba resuelto a comprarlo.

> **L**os padres deberían transmitir al niño que es inevitable que en algún momento surja algún conflicto y que, aunque deben escuchar puntos de vistas alternativos, también deben «mantenerse en sus trece» si sienten que tienen el derecho a hacerlo.

Craig intentó entonces una antigua habilidad paterna: postergar. Pero después de algunas semanas Arnie seguía convencido de lo que quería e incluso realizaba pequeños trabajos para ganar algo más de dinero.

Al verlo tan decidido, finalmente Craig informó a su hijo que lo acompañaría a la tienda de deportes para comprar el trampolín. Arnie miró a su padre y le preguntó: «¿Entonces crees que es una buena idea comprarlo ahora?» Craig sabiamente respondió: «No, sigo pensando lo mismo, pero tú estás tan convencido que he decidido respetarte».

Al dejar que su hijo se expresara sobre este pequeño asunto, aunque no estuviera de acuerdo con él, Craig le transmitió que su opinión era valiosa. Su decisión probablemente contribuirá a que su hijo se convierta en un adulto autosuficiente y seguro de sí mismo.

Al estimular a nuestros niños para que confíen en sus propias creencias y opiniones, incluso ante la falta de aprobación de otras personas, fortalecemos su capacidad para resistir a las presiones de sus compañeros. Un adolescente que ha aprendido esta lección podrá decir más fácilmente que no cuando sus amigos lo inviten a fumar un porro a la salida de la escuela. Una adolescente que ha aprendido a atenerse a sus decisiones será menos vulnerable a tener relaciones sexuales antes de estar preparada para hacerlo.

Mina mental 5:
«No está bien cometer errores ni pedir ayuda»

Una de mis lecciones infantiles personales acerca de cometer errores sucedió durante una cena, cuando uno de nosotros derramó un vaso de leche. Mi padrastro, que era un hombre bastante severo, se levantó de su silla y gritó a quien lo había hecho, fulminándola con la mirada. El accidente fue rápidamente elevado a la categoría de crimen capital y la desafortunada se sintió profundamente avergonzada y a punto de romper a llorar.

Es evidente que los niños de mi familia recibimos un violento mensaje respecto de los errores. Esencialmente, se debían evitar las equivocaciones a toda costa u ocultarlas cuando tenían lugar.

Quizá como resultado de esa lección, me empeñé en ayudar a mi hermana para que aprendiera de sus errores. Si es posible no sentir culpa ni vergüenza, la experiencia puede representar una lección rentable. Desde temprana edad, mi hermana aprendió dónde se guardaban las toallas de papel y a volver a llenar su vaso de leche.

En otras palabras, errar es humano, y esto es un hecho que difícilmente se modifique en un futuro cercano. Los niños que comprenden que equivocarse es algo natural e inevitable tendrán más probabilidades de aceptarse a sí mismos y evitarán la tendencia derrotista de culparse por el proceso de ensayo y error que es inherente de la vida.

Joan advirtió la importancia de esta lección cuando una noche llevó a la cama a su hija de nueve años, Meagan. Cuando la niña se estaba metiendo en la cama, inesperadamente miró a su madre y rompió a llorar. Joan, sorprendida, le preguntó qué le pasaba, y Meagan contestó: «Soy una estúpida. Ayer hice mal el examen de matemáticas». La angustia que reflejaba su cara era inequívoca.

Después de que Joan la abrazara para que la niña se calmara, la historia comenzó a fluir. Meagan, generalmente una excelente estudiante, se había confundido y había estudiado otros temas que no se incluían en la prueba. Como consecuencia, la habían suspendido.

En vez de censurar a Meagan por su equivocación, con buen criterio Joan le aseguró que todos cometemos errores. Luego le preguntó si habría algo que Meagan pudiera hacer para no incurrir en el mismo error en el futuro. Después de aceptar que debía hablar menos y prestar más atención a sus asignaturas, se acurrucó bajo las mantas bastante más aliviada.

Antes de abandonar la habitación, Joan se volvió y le preguntó: «Meagan, ¿cómo crees que te hubiera ido en el examen si te hubieran preguntado sobre los temas que habías estudiado?» La voz de Meagan, ahogada por la almohada, respondió: «Hubiera sacado un sobresaliente, por supuesto».

Destacando el hecho de que todos cometemos errores y que se puede aprender de ellos, Joan preparó a su hija para afrontar futuras desilusiones y fracasos. Al ayudarla a aceptar y a sacar provecho de su natural falibilidad, esta sabia madre también logró que su hija se sintiera mejor consigo misma, aumentando de este modo su autoestima.

En estrecha relación con este concepto está la idea de que pedir ayuda es un signo de incompetencia y debilidad. En nuestro deseo por ayudar a los niños a ser adultos autosuficientes e independientes podemos inconscientemente colocar una mina mental que diga «Debo hacerlo por mí mismo(a)». En un mundo tan increíblemente complicado como en el que vivimos, es raro encontrar a un individuo que pueda vivir sin la ayuda de los demás.

Mi hermano menor es propietario de varios restaurantes y clubes nocturnos. Cierto día estábamos hablando sobre un restaurante que estaba a punto de inaugurar. Yo estaba sorprendido por la cantidad de detalles que implicaba la apertura del local, por la cantidad de permisos, licencias, vendedores y demás que eran necesarios. También había que ocuparse de los empleados, de las mercancías, del trabajo administrativo y del local. Mientras escuchaba con asombro esta letanía, tuve que detener a mi hermano y preguntarle: «¿Cómo sabes hacer todas estas cosas? Es abrumador». Me miró desconcertado y dijo: «No sé, pero encontraré a alguien que se pueda encargar de hacerlas». Mi hermano había aprendido que conocer tus limitaciones y pedir ayuda es una habilidad necesaria.

Los padres pueden estimular a sus hijos para que desarrollen esta habilidad ofreciéndoles apoyo y seguridad emocional. Cuando un niño formula una pregunta, los padres deben manifestarle claramente que esa pregunta es bienvenida y que será tenida en cuenta. Los comentarios como «Esa es una buena pregunta. Vamos a pensarlo» pueden reforzar un sentido de seguridad y promover la curiosi-

Si los niños crecen en un ambiente favorable, es muy probable que se sientan seguros en el mundo.

Cosas para recordar

Colocando minas mentales

- Las minas mentales son mensajes malsanos que los padres transmiten a sus hijos y que pueden tornarse destructivos y negativos cuando los niños maduren.
- Algunas minas mentales que pueden evitarse son:

  Debo destacar en todo lo que haga.
  Soy mis logros.
  Las emociones fuertes son negativas.
  Debo gustar a todo el mundo.
  No es correcto cometer errores ni pedir ayuda.

dad y el deseo de saber. Si los niños crecen en un ambiente favorable, es muy probable que se sientan seguros en el mundo.

Cuando los padres enseñan a sus hijos a evaluar una situación y les piden ayuda cuando es necesario, aumentan las oportunidades de éxito de los niños. Por ejemplo, un niño que no tiene miedo de hacer una pregunta en clase sacará mejores notas. Aprendiendo esta valiosa habilidad, los niños podrán echar mano de diversos recursos para lograr sus objetivos. Se sentirán menos aislados y solos y desarrollarán rápidamente la confianza en sí mismos y el sentido de la competencia.

Autoprueba 1

Haga el favor de leer cada uno de los siguientes ejemplos para determinar qué mina mental está asociada con él.

1. «Cariño, es maravilloso, tienes todos sobresalientes. ¡Te quiero!»

   A. Debo destacar en todo lo que haga.
   B. Soy mis logros.
   C. Las emociones negativas son perjudiciales.
   D. Debo gustar a todo el mundo.
   E. No es correcto cometer errores ni pedir ayuda.

2. «Ahora, escúchame, hijo, sé que estudiar piano es duro, pero yo logré que me gustara y lo mismo te pasará a ti.»

   A. Debo destacar en todo lo que haga.
   B. Soy mis logros.
   C. Las emociones negativas son perjudiciales.
   D. Debo gustar a todo el mundo.
   E. No es correcto cometer errores ni pedir ayuda.

3. «Pero, mamá, Sally ha dicho que ya no quiere jugar más conmigo. Creo que se ha enfadado porque ayer jugué con Nancy.»
«Escucha, cariño, vas a decirle a Sally que lo lamentas. No querrás que Sally se enoje contigo, ¿verdad?»

A. Debo destacar en todo lo que haga.
B. Soy mis logros.
C. Las emociones negativas son perjudiciales.
D. Debo gustar a todo el mundo.
E. No es correcto cometer errores ni pedir ayuda.

4. «Abuelo, ¿me ayudarías a armar este rompecabezas?»
«No, no puedo ayudarte. Le enseñé a tu padre que debía hacerlo solo. Así le enseñé a ser un hombre.»

A. Debo destacar en todo lo que haga.
B. Soy mis logros.
C. Las emociones negativas son perjudiciales.
D. Debo gustar a todo el mundo.
E. No es correcto cometer errores ni pedir ayuda.

5. «Mike, no te preocupes, estoy seguro de que mañana harás un buen examen.»

A. Debo destacar en todo lo que haga.
B. Soy mis logros.
C. Las emociones negativas son perjudiciales.
D. Debo gustar a todo el mundo.
F. No es correcto cometer errores ni pedir ayuda.

6. ¿Cuál es el mejor modo de evitar colocar minas mentales en los niños?

A. Mirar más los programas de dibujos animados.
B. Intentar corregirlos sólo cuando es absolutamente necesario.
C. Reconocer las minas mentales en nosotros mismos y en la forma en que hemos sido educados por nuestros padres.

7. El concepto esencial para que los niños comprendan que los padres los quieren *independientemente de lo que hagan* se denomina:

A. Cambio paradigmático.
B. Amor incondicional.
C. Amor no correspondido.

Respuestas

1. «Cariño, es maravilloso, has sacado todos sobresalientes. ¡Te quiero!»

   Respuesta B: la respuesta implica que el amor por el niño se basa en su rendimiento en la escuela.

2. «Ahora, escúchame, hijo, sé que estudiar piano es duro, pero yo conseguí que me gustara y lo mismo te pasará a ti».

   Respuesta A: La respuesta implica que si el niño no disfruta del piano y no destaca como pianista, algo en él no va bien.

3. «Pero, mamá, Sally ha dicho que ya no quiere jugar más conmigo. Creo que se ha enfadado porque ayer jugué con Nancy.»
   «Escucha, cariño, vas a decirle a Sally que lo lamentas. No querrás que se enfade contigo, ¿verdad?»

   Respuesta D: la respuesta supone que como Sally está enfadada, la niña debe haber hecho algo mal.»

4. «Abuelo, ¿me ayudarías a armar este rompecabezas?» «No, no puedo ayudarte. Le enseñé a tu padre que debía hacerlo solo. Así le enseñé a ser un hombre.»

   Respuesta E: El abuelo comunica al niño que sería «menos que un hombre» si él lo ayudara con su juego.

5. «Mike, no te preocupes, estoy seguro de que mañana harás un buen examen.»

Respuesta C: Mike recibe el mensaje de que no es normal estar ansioso antes de un examen.

6. ¿Cuál es el mejor modo de evitar colocar minas mentales en los niños?

    Respuesta C: Si los padres reconocen sus propias creencias irracionales, serán más sensibles a la necesidad de evitar colocar estas minas mentales en sus hijos.

7. El concepto esencial para que los niños comprendan que los padres los quieren independientemente de lo que hacen se denomina:

    Respuesta B: Amor incondicional, que comunica al niño que es una persona de valor, independientemente de cómo se comporte en un momento determinado.

Pedir a los niños
que se porten mal

T ODOS LOS NIÑOS DESEAN QUE LES PRESTEN ATENCIÓN. Esta simple afirmación es una verdad fundamental en la educación de los niños. Ellos intentan atraer la atención positiva de los padres, pero se conforman también con una atención negativa. Desearían que los padres los elogiaran, pero prefieren que les griten o los corrijan a que los ignoren. Los niños desprecian ser ignorados.

Desgraciadamente, los padres a menudo se sienten agobiados por las tensiones que implican sus actividades cotidianas y se olvidan de elogiar a los niños cuando ellos no crean ningún problema y se desempeñan bien. Sin embargo, cuando los hijos hacen algo mal, los padres les dedican toda su atención. En efecto, parecería que los niños deben portarse mal para ganar la atención de los padres.

Muchos padres acuden a mi consulta quejándose del mal comportamiento de sus hijos. Cuando se examina detenidamente cada uno de los diversos problemas que exponen los padres, se observa que son consecuencia de que ellos se ocupan únicamente del mal comportamiento de los hijos y, por lo tanto, inconscientemente están reforzando dicho comportamiento.

Terry se peleaba constantemente con su hermano de dos años. Sus padres constantemente le decían que lo dejara tranquilo o que jugara con él «amablemente». Hablaron con ella, la castigaron, pero, a pesar de todo su conducta persistía. Completamente frustrados, terminaban por reñirla y mandarla a su habitación.

Terry se sentía desplazada por su hermano menor, pero era demasiado pequeña como para saber pedir a sus padres la atención que necesitaba desesperadamente. Sin embargo, sabía perfectamente cómo portarse mal con su hermano, que, a su vez, también requería la atención paterna.

Para ser más efectivos, los padres deben aprender a tener en cuenta las conductas positivas de sus hijos y premiarlas con su atención y elogios. Parece un proceso simple, pero supone un esfuerzo considerable el hecho de estar atento a esas conductas positivas y recompensarlas. Es muy fácil caer en la trampa de «no perturbar la armonía» y permanecer en silencio cuando los niños se están portando bien.

En el caso de Terry, el problema con el hermanito era bastante fácil de solucionar. A los padres se les aconsejó prestar atención a las ocasiones en las que Terry *no* atormentaba al niño. En dichos momentos, deberían destacar lo bien que jugaba la niña con su hermano y lo orgullosos que estaban de ella. Debían dejar de concentrarse en el comportamiento conflictivo para dirigir su atención a los momentos en que ella se portaba bien. En el curso de una semana la conducta de Terry mejoró notablemente.

> **P**ara ser más efectivos, los padres deben aprender a tener en cuenta las conductas positivas de sus hijos y premiarlas con su atención y elogios. Parece un proceso simple, pero supone un esfuerzo considerable el hecho de estar atento a esas conductas positivas y recompensarlas.

Como parte de mi práctica como médico interno, trabajaba en la unidad, de adolescentes de un hospital estatal. Los pacientes que llegaban a la unidad eran ubicados en el nivel 1. Si seguían las reglas de la unidad, podían pasar a los niveles 2 y 3 y, finalmente, alcanzar el nivel 4, desde donde se les daba el alta. Los niveles superiores ofrecían más privilegios, como salidas de fin de semana, tiempo libre y puntos

que podían utilizarse en la tienda del hospital. Cuando llegué a la unidad, la mayoría de los pacientes se agrupaban en
los dos niveles inferiores y muy pocos adolescentes estaban
en el nivel 3 ó 4. A los pocos días comprendí por qué ocurría
esto.

Todas las mañanas el equipo médico se reunía para discutir el progreso que cada paciente había hecho el día anterior.
Los adolescentes acudían uno por vez a la sala de reunión y
los médicos pasaban mucho tiempo con los que se habían
comportado inadecuadamente porque había muchos puntos
que discutir con ellos. Los que se habían comportado de un
modo apropiado y habían acatado las reglas de la unidad
sólo recibían la frase «Sigue así» y se los despedía para tratar al siguiente paciente.

Yo sugerí que comenzáramos a recompensar las conductas
positivas y que concediéramos a los pacientes que habían
cooperado con el programa el mismo tiempo que dedicába-
mos a los que habían causado problemas. Al cabo de dos
semanas, el 60 por 100 de la unidad había sido trasladada a
los niveles 3 y 4; esto significaba un notable progreso. Y el
único cambio había sido centrarnos más en los comportamientos positivos que en los negativos.

Premiar las conductas positivas es realmente eficaz. Para
ser más efectivos, los elogios de los padres deben dirigirse a
comportamientos específicos en vez de ser expresados de una
forma más global. Es mucho más efectivo decir «Gracias por
abrir la puerta « que «Hoy has sido un buen chico».

Uno de mis clientes tiene un hijo de doce años, Calvin,
que tiene el desagradable hábito de dejar en el suelo del
salón su mochila, sus zapatos y su abrigo cuando vuelve
cada día del colegio. Su madre le recuerda que lleve sus
cosas a su habitación, lo reprende y lo castiga sin ningún
resultado. En verdad ella lo está recompensando con su
atención cada vez que él deja sus cosas en el suelo del
salón.

Sugerí a esta frustrada madre que comenzara a prestar atención a las ocasiones en que Calvin llevaba sus

cosas a la habitación. Como en la mayoría de estos casos, su conducta positiva fue ocasional, pero es importante destacar que tuvo lugar. Cuando volviera a dejar sus cosas en el salón la madre simplemente tendría que recogerlas y llevarlas al garaje donde a Calvin le resultaría incómodo ir a buscarlas cada mañana antes de salir para el colegio.

Después de algunos días, ella «descubrió» a Calvin atravesando el salón sin dejar sus cosas allí. Ella entonces se acercó a él y, abrazándolo, le agradeció que fuera tan considerado. La sorpresa inicial de Calvin rápidamente dio lugar a una mirada de orgullo. Al conseguir la atención de su madre por llevar sus cosas a la habitación se propuso hacer el esfuerzo de seguir haciéndolo. Su madre aún recuerda agradecerle su gesto de tanto en tanto.

Otro joven cliente se olvidaba constantemente de traer a casa sus útiles escolares. Incluso se olvidaba de sus deberes, de sus libros o de su mochila. Sus padres estaban comprensiblemente preocupados y acudieron a mí esperando que le hiciera al niño una batería de pruebas psicológicas para determinar cuál era el problema.

Yo propuse como alternativa que ellos probaran un pequeño experimento. En esas raras ocasiones en que el niño recordaba traer todas sus pertenencias a casa, le harían saber que estaban orgullosos de él porque era muy responsable. Si traía todas sus cosas dos veces seguidas, debían premiarlo con algo tangible tal como un paseo hasta la heladería. Este niño cambió totalmente su actitud al cabo de una semana y jamás le hice la batería de pruebas.

A veces el niño sencillamente no tiene la capacidad de realizar una determinada tarea o ignora cómo hacerla. En este caso, ¿cómo se lo podría recompensar? Ocasionalmente, es posible premiarlo por los pasos que realiza para acercarse a su meta.

Por ejemplo, yo quería que mi hija Lindsey aprendiera a hacer su cama cuando tenía unos cuatro años. En primer lugar, le enseñé cómo hacerlo y le sugería que lo intentara a la mañana siguiente. Cuando me acerqué para comprobar cómo la hacía, descubrí que las mantas sólo llegaban a la mitad de la cama. La elogié por su esfuerzo diciéndole: «Muy bien, cariño, estoy orgulloso de ti. Mañana vas a intentar que las mantas cubran toda la cama de esta forma». Y a continuación le mostré cómo se hacía. A la mañana siguiente Lindsey me condujo a su habitación para enseñarme cómo había hecho la cama. Una vez más, la elogié y le sugerí que la próxima vez colocara la almohada sobre la cama. La tercera mañana me mostró muy contenta una cama bien hecha. Por supuesto, que la felicité por su buen trabajo y por lo mucho que se había interesado por aprender esta nueva tarea. Ahora hace su cama cada mañana sin que sea necesario pedírselo e incluso a menudo critica la forma en que he hecho mi propia cama.

En otras circunstancias, los padres pueden encontrarse ante la necesidad de reforzar la *ausencia* de una conducta negativa. En otras palabras, si un niño se comporta de una forma inapropiada, los padres deberán felicitarlo cuando *no se comporte* de ese modo. Una vez más, Lindsey nos ofrece otro ejemplo.

La mayoría de quienes tienen hijos pequeños saben cómo incordian cuando están hablando por teléfono. Y Lindsey no era una excepción. Cuanto más le pedía que esperara a que terminara de hablar, más insistía en su mal comportamiento. No pasó mucho tiempo hasta que yo advirtiera que la estaba recompensando con mi atención y que debía modificar mi actitud.

Durante los días siguientes se me presentó una maravillosa oportunidad. Cierta noche sonó el teléfono y, cuando contesté, observé que Lindsey estaba entretenida con unos juguetes

> Los padres pueden encontrase ante la necesidad de reforzar la *ausencia* de una conducta negativa. En otras palabras, si un niño se comporta de una forma inapropiada, los padres deberán felicitarlo cuando *no se comporte* de ese modo.

cerca de mí. La llamada era equivocada, y aunque sólo me demoré un momento, Lindsey no tuvo demasiado tiempo para reaccionar. De inmediato aproveché la oportunidad para hacerle saber que deseaba que me dejara hablar por teléfono sin molestarme. Al principio se sorprendió, pero fue sólo unos segundos antes de que su cara se iluminara con una sonrisa brillante como si me estuviera diciendo: «Supongo que yo solía hacerlo, ¿verdad?».

Esa misma noche el teléfono sonó otra vez. Cuando me dirigía a responder escuché que Lindsey corría detrás de mí. Para mi sorpresa, colocó su cabeza en mi regazo y permaneció allí durante los 45 minutos que duró la conversación. Al terminar de hablar por teléfono, inmediatamente levantó su cabeza y me dijo: «¿No estás orgulloso de mí? No te he molestado mientras hablabas por teléfono». La cogí en brazos, la abracé y le dije que estaba muy contento con ella. Lindsey ya no volvió a molestarme en estas ocasiones.

El modo más efectivo de estimular a un niño para que se porte bien y que abandone las conductas indeseables es ocuparse de que reciba toda nuestra atención cuando se comporta correctamente. Esto es mucho mejor que ocuparse de él cuando manifiesta alguna conducta conflictiva. Además, existe la ventaja adicional de promover su capacidad, su confianza y su autoestima. También aumenta su motivación para hacer las cosas bien.

Si un niño trae su libreta de notas con cuatro sobresalientes y un suficiente, los padres pueden elegir centrarse en los sobresalientes o en el suficiente. Ocuparse en primer lugar del suficiente estimula el sentimiento de vergüenza y de fracaso del niño y no es eficaz para estimular al niño a que estudie más para el siguiente trimestre.

PADRE: Déjame ver tus notas, hijo.

HIJO: [Pasándole la libreta de notas.] He sacado todos sobresalientes menos en matemáticas.

PADRE: Sí, has sacado un suficiente en matemáticas. ¿No te dije que hicieras tus tareas todas las noches? Si lo hubieras hecho en vez de pasar tanto tiempo con tus videojuegos, también tendrías un sobresaliente en matemáticas.

HIJO: Pero, papá...

PADRE: No quiero escuchar nada. No habrá más videojuegos, hasta que subas esa nota. ¿Entiendes?

HIJO: Sí, papá.

Un enfoque más efectivo sería que el padre elogiara el esfuerzo del niño y su éxito al obtener cuatro sobresalientes de un total de cinco notas y luego se ocupara de ayudarle con su clase de matemáticas. Su hijo se sentiría más motivado y más apoyado. En este caso existiría una mayor oportunidad de que mejorara ese suficiente (debido a la gran atención que el padre otorga a sus sobresalientes) y sería mucho más probable que el niño pidiera ayuda cuando la necesitara.

PADRE: Déjame ver tus notas, hijo.

HIJO: [Pasándole la libreta de notas.] He sacado todos sobresalientes menos en matemáticas.

PADRE: Sí, ya lo veo, y has mejorado tu nota de Historia y de Inglés. Me siento orgulloso de ti.

IIIJO: Gracias, papá.

PADRE: Parece que has tenido problemas con las matemáticas. ¿Puedo ayudarte?

HIJO: No lo creo, papá. Me he despistado un poco cuando estudiábamos las divisiones extensas. Tuve que hacer un par de preguntas.

PADRE: ¿Y crees que ahora podrás arreglártelas?

HIJO: Creo que sí, aunque no estoy seguro.

PADRE: Te diré una cosa, ¿por qué no trabajamos juntos la semana que viene cuando vuelves del colegio? A lo mejor podemos mejorar esa nota.

HIJO: [Aliviado.] Gracias, papá, eso será fantástico.

A veces parece difícil encontrar una conducta que pueda ser recompensada, especialmente cuando se trata de niños pequeños. Una mujer que me había escuchado hablar en una reunión local de la PTA acudió a mí para consultarme sobre su hija. «Estoy intentando que mi hija controle sus esfínteres. ¿Cómo puedo premiarla por algo que todavía no hace?»

Reconocí que ésta es una etapa difícil y que supone desafíos, y le sugerí que la llevara consigo al cuarto de baño cada vez que fuera ella, que la sentara en su orinal y que le hablara como normalmente lo hacía. Finalmente, la niña acudiría sola al cuarto de baño, ya sea por seguir el ejemplo de su madre o quizá, por casualidad. Cuando finalmente lo hiciera, la madre debía destacar notoriamente su logro. Le recordé que debía ser paciente.

> Como padres, tenemos la posibilidad de elegir entre destacar una conducta positiva y premiarla u ocuparnos esencialmente de los comportamientos conflictivos.

Cosas para recordar

Pedir a los niños que se comporten mal

- Todos los niños demandan atención.
- Se debe recompensar a los niños elogiando sus conductas positivas en vez de ocuparnos de las negativas.
- Se debe recompensar comportamientos específicos y no hacer elogios globales.
- Se debe intentar «descubrir» una conducta positiva del niño y recompensarlo por ella.
- Se debe descomponer los comportamientos en pequeños pasos, alabando cada uno de ellos.
- A veces puede ser necesario premiar la ausencia de un comportamiento negativo.

Una vez más, es esencial recordar que los niños necesitan atención; por sí misma, la atención supone una recompensa.

Como padres, tenemos la posibilidad de elegir entre destacar una conducta positiva y premiarla u ocuparnos esencialmente de los comportamientos conflictivos. Puede ser necesario un pequeño esfuerzo inicial para estar atentos a los momentos en que el niño hace algo bien, sin embargo, dicho esfuerzo rendirá dividendos que se traducirán en un niño más sano y feliz.

Autoprueba 2

1. ¿Cuál de las siguientes es una verdad esencial en la educación de los hijos?

    A. Todos los niños desean ser castigados.
    B. La mayoría de los padres son demasiado indulgentes.
    C. Todos los niños demandan atención.
    E. La mayoría de los padres son demasiado estrictos.

2. Los niños prefieren recibir una atención «negativa» que la indiferencia.

    Verdadero   Falso

3. Los padres necesitan descubrir los momentos en que sus niños se comportan correctamente para recompensarlos con:

    A. Atención y elogios.
    B. Dinero.
    C. Críticas.

4. El elogio de los padres debe estar centrado en los comportamientos .... y no basarse en afirmaciones globales.

5. Si el niño no tiene la habilidad para realizar una determinada tarea o ignora cómo hacerla, los padres quizás deban:

   A. Consultar con un psicoterapeuta.
   B. Presionar al niño hasta que sea capaz de hacerla.
   C. Destacar cuáles son sus errores y ofrecerle información adicional.
   D. Descomponer la tarea en diferentes pasos que sean más fáciles de comprender.

6. Sam tiene la mala costumbre de hacer ruidos extraños durante la cena. Sus padres quieren que abandone esa conducta. Ellos deberían:

   A. Señalar esa conducta en el momento que surja y pedirle educadamente a Sam que deje de comportarse de ese modo.
   B. Ignorar dicho comportamiento.
   C. Encontrar la ocasión en la que el niño no manifieste esa conducta y elogiarlo.
   D. Castigarlo haciéndolo abandonar la mesa cada vez que haga esos ruidos.

7. Un niño trae a casa una libreta de notas con varios sobresalientes, un notable y un suficiente. Los padres deberían reaccionar del siguiente modo:

   A. Elogiando su esfuerzo por conseguir los sobresalientes y preguntándole si necesita ayuda en las otras asignaturas.
   B. Obligarle a hacer tareas suplementarias para mejorar el notable y el suficiente.
   C. Castigarlo por sacar un suficiente.
   D. No hacer nada en absoluto.

Respuestas

1. ¿Cuál de las siguientes es una verdad esencial en la educación de los hijos?

Respuesta C: Los niños aceptarán cualquier tipo de atención, pero la atención positiva es la que más los motiva.

2. Los niños prefieren recibir una atención «negativa» que la indiferencia.

   Respuesta: Verdadero. A pesar de que pueda parecer extraño, la mayoría de los niños prefieren que sus padres les griten a que los ignoren.

3. Los padres necesitan descubrir los momentos en que sus niños se comportan correctamente para recompensarlos con:

   Respuesta A: Los niños tienen una gran necesidad complacer a sus padres y de que éstos los aprueben.

4. El elogio de los padres debe estar centrado en los comportamientos .... y no basarse en afirmaciones globales.

   Respuesta: Específicos. Elogiar al niño por una determinada conducta es mucho más efectivo que decir frases más generales como, por ejemplo: «Hoy te has portado muy bien».

5. Si el niño no tiene la habilidad para realizar una determinada tarea o ignora cómo hacerla, los padres quizás deban:

   Respuesta D: Descomponer la tarea en diferentes pasos aumenta las oportunidades de éxito y supone para los niños más posibilidades de recibir elogios.

6. Sam tiene la mala costumbre de hacer ruidos extraños durante la cena. Sus padres quieren que abandone esa conducta. Ellos deberían:

   Respuesta C: Los padres deberían encontrar la ocasión en la que el niño no manifieste esa conducta y brindarle su atención en vez de enfatizar su comportamiento conflictivo.

7. Un niño trae a casa una libreta de notas con varios sobresalientes, un notable y un suficiente. Los padres deberían
reaccionar del siguiente modo:

Respuesta A: Si se elogia su esfuerzo por conseguir los
sobresalientes, es más probable que el niño se esfuerce por
mejorar las otras notas. Recuerden que un buen comportamiento es digno de atención.

No ser firme

NO SER FIRME es una de las trampas más comunes a la hora de educar a los hijos. No es sorprendente que los padres esgriman una multitud de razones para explicar por qué no son más firmes con sus hijos, incluyendo falta de tiempo, distracciones, estrés o simple falta de atención. Cualquiera sea la razón, el hecho de no ser firme contribuye a diversos problemas de comportamiento.

Mis clientes me preguntan con frecuencia si es mejor ser estricto o liberal. De hecho, puede haber niños que se comporten correctamente tanto en hogares autoritarios como en los que son liberales. El factor más importante es que las reglas establecidas sean fácilmente predecibles y reforzadas con firmeza.

Ser firme significa respetar las reglas y sus consecuencias. Si usted establece una regla o amenaza con imponer una consecuencia, debe respetar lo que ha dicho. Los niños aprenden rápidamente a comprobar los límites, en especial si los padres se pronuncian en una dirección y luego no cumplen su palabra.

Una madre recordaba con ansiedad un conflicto reciente con su hijo James, de catorce años. Le había indicado que recogiera su habitación antes de salir a patinar con sus amigos. Después de completar sólo una parte del trabajo, James se apresuraba a salir a jugar cuando su madre lo interceptó indicándole que terminara de limpiar su habitación. James desafiante afirmó que lo haría más tarde. Su madre respondió a su desafío diciéndole que si se marchaba lo castigaría impidiéndole salir el fin de semana.

Como James continuó amenazando con marcharse, su madre le advirtió: «Ni se te ocurra atravesar esa puerta, ¡y lo digo en serio!». Cada vez que su madre decía esta frase su voz sonaba más fuerte y ella estaba más enfadada. Después de seis amenazas, James retrocedió y regresó a su habitación para terminar su trabajo.

Ser firme significa respetar las reglas y sus consecuencias. Si usted establece una regla o amenaza con imponer una consecuencia, debe respetar lo que ha dicho.

¿Qué es lo que realmente sucedió entre James y su madre? El aspecto positivo es que finalmente limpió su habitación. Sin embargo, también es posible que haya aprendido algunas lecciones no tan positivas.

Al tener que repetir cinco o seis veces que no se marchara, la madre le comunicó que las primeras cuatro o cinco advertencias no tenían valor. James probablemente ya sabía que su madre no cumpliría su palabra a menos que estuviera realmente enfadada y él lo advertiría por el tono de su voz. Y como no esperaba que su madre se mantuviera firme después de la primer advertencia, se sintió con derecho de desafiarla hasta que ambos se encontraron involucrados en una escena emocionalmente agotadora.

Sospecho que la madre de James no había sido muy firme en el pasado. También presumo que si ella hubiera tenido la costumbre de hacer una sola advertencia y luego implicarse con las consecuencias, esta situación negativa nunca se hubiera producido y James no hubiera provocado esa situación con su actitud desafiante.

Es igualmente importante que los padres se muestren firmes con las promesas y las recompensas. Dos jóvenes padres acudieron recientemente a mi consulta quejándose de que su hijo de ocho años no se ocupaba de sus quehaceres. Como resultado, diseñamos un sistema de incentivos que incluía una lista de sus faenas diarias. Cada vez que completaba una determinada tarea, los padres colocaban una etiqueta sobre la lista. Al final de la semana contaban el número de etiquetas y él podía cambiarlas por diversas actividades que funcionaban como premios tal como acostarse tarde o invitar a un amigo a dormir en casa.

Después de varias semanas, los padres regresaron a mi consulta porque la lista ya no resultaba efectiva y el niño se negaba a ocuparse de sus tareas. Después de hablar con el niño, me enteré de que sus padres no cumplían con los incentivos prometidos. ¡Y se sorprendían porque el sistema dejaba de ser efectivo!

Al no ser firmes, estos padres no solamente boicoteaban el sistema, sino que ensañaban una lección a su hijo. Inconscientemente le mostraban que las promesas que le hacían no tenían demasiado valor.

Otra familia tenía frecuentes confrontaciones con su hija de trece años, Amy, debido a sus tareas escolares. Después de volver de la escuela, Amy quería jugar fuera de casa o ver televisión. A veces la madre insistía en que se ocupara de su tarea en cuanto llegaba a casa. Amy protestaba y en ocasiones conseguía que su madre abandonara su intento. Como la madre misma afirmaba: «A veces es demasiado trabajo discutir con ella».

El conflicto entre ambas se intensificó, y las peleas surgían diariamente. Amy, ignorando en qué momento su madre abandonaría su empeño, se sentía impulsada a probar cuáles eran las reglas en cada ocasión.

Estos constantes conflictos se solucionaron cuando la madre de Amy dejó bien claras sus expectativas. Comunicó a su hija que sólo saldría a jugar cuando terminara de realizar sus tareas cada tarde. Evidentemente, Amy probó a su madre los primeros días que estaban en vigencia las nuevas reglas, pero su madre se mantuvo firme. Después de la primera semana, Amy aceptó que su madre no iba a rendirse. El problema se resolvió cuando la madre se expresó claramente y luego mantuvo su palabra.

Cuando los padres son consecuentes con lo que dicen, ofrecen a sus hijos un orden que ellos necesitan. Un orden consistente ofrece al niño un sentido de seguridad, la capacidad de predecir las situaciones y de controlarse. Los niños ya no se ven forzados a buscar los límites probando a sus padres con su comportamiento. Pueden relajarse y funcionar dentro de un marco familiar de recompensas y consecuencias. También les enseña a mantener las promesas y respetar los compromisos.

> Un orden consistente ofrece al niño un sentido de seguridad, la capacidad de predecir las situaciones y de controlarse. Los niños ya no se ven forzados a buscar los límites probando a sus padres con su comportamiento.

Hábitos consistentes

Cuando los padres ofrecen un orden y se expresan con firmeza se soluciona una de las áreas más conflictivas, la de los hábitos matutinos y nocturnos. Es bastante generalizado que los padres manifiesten que tanto para ellos como para sus hijos la hora de levantarse o de irse a dormir son las más estresantes.

Puede parecer un poco obvio, pero realizar las mismas tareas a la misma hora cada mañana o cada noche reduce el estrés que supone discutir con nuestros hijos para conseguir que se vistan, que coman o que tomen una ducha. Instaurar este orden proporciona una confortable capacidad de predecir que ayuda a evitar que estos hábitos diarios degeneren en una lucha entre padres e hijos.

Después de haber aprendido esta lección con el paso del tiempo, me satisface decir que Lindsey y yo rara vez discutimos al levantarnos o por las noches. Esta falta de conflictos se debe a que hemos establecido una serie de hábitos en el transcurso de los años.

Cada mañana la despierto y luego tomo una ducha. Mientras tanto ella se viste y se ocupa de sus tareas domésticas (hacer la cama, dar de comer al perro). Luego yo preparo el desayuno que tomaremos juntos antes de salir de casa.

También, nuestras costumbre nocturnas son invariables. Lindsey hace sus deberes mientras yo preparo la cena. Luego cenamos juntos y hablamos de lo que sucedió durante el día. Mientras friego los cacharros, ella termina su tarea y luego sube a ducharse, lavarse los dientes y ponerse su pijama. Yo reviso luego su tarea y pasamos un rato tranquilo leyendo un libro, jugando a algo o simplemente charlando.

Esta rutina puede parecer aburrida para quien no tiene hijos. Pero para los padres es maravilloso no tener que luchar para que los niños hagan lo que tienen que hacer. En casa no tenemos conflictos porque hemos establecido unas normas. Al principio quizá resulte algo difícil delimitar una rutina similar para sus hijos. Siéntese con ellos para conversar sobre las nuevas costumbres que desea establecer en casa. Muéstrese positivo y ofrezca su ayuda y soporte a los niños. Una vez esclarecida cuál será la nueva rutina, póngala en marcha al día siguiente y *no falte a su palabra*.

Es obvio que no será posible atenerse rígidamente a ella todos los días; sin embargo, es importante cumplirla lo mejor posible para dar a los niños una sensación de seguridad que sólo una mañana o una noche bien organizadas pueden ofrecer.

Si usted advierte que una noche no será posible atenerse a lo convenido, deberá decírselo a los niños con antelación siempre que sea posible. Si ellos conocen la modificación anticipadamente, se adaptarán mejor al cambio. Por ejemplo, si usted tiene que ir al trabajo más temprano que de costumbre porque tiene una cita, siéntese con ellos para comunicarles el cambio la noche anterior. Dígales que deberán levantarse a las seis en vez de a las seis y media. Déjeles saber que es muy importante para usted que no se demoren al levantarse y que se lo agradecerá enormemente. No se olvide de elogiar su cooperación al día siguiente. Estará usted sembrando semillas saludables para la próxima ocasión que requiera hacer una excepción a las normas establecidas.

Una disciplina firme

La firmeza es esencial cuando se aplica una disciplina. Muchos padres se enfadan por el mal comportamiento de un niño y de inmediato señalan las consecuencias. Quizá, debido a su enojo, establecen castigos muy prolongados o crueles que son difíciles de acatar.

Un padre se enfadaba tanto cada vez que su hijo tenía problemas en el colegio que lo castigaba sin salir durante todo el mes siguiente. Aunque cuando lo hacía tenía la intención de cumplirlo, luego resultaba difícil o imposible hacerlo. A lo largo de un mes podían surgir numerosas «excepciones» y la restricción no sería sensata. Es mucho mejor elegir algún castigo que se pueda aplicar con firmeza que uno cuya ejecución sea imposible.

Los padres también deberían ser conscientes de que es muy importante que ambos estén de acuerdo en las reglas y consecuencias que desean establecer y comprometerse a aplicarlas firmemente. A menudo, los niños intentan «dividir» a los padres que deben discutir sus puntos de desacuerdo en ausencia de los niños y determinar las reglas que a ambos les resulta fácil hacer respetar.

Con frecuencia, los padres acuden a mi consulta por este problema. Tom y Cindy no podían ponerse de acuerdo sobre la disciplina. La educación de su hijo había supuesto continuas peleas y enfados, pero de algún modo habían logrado salir del paso. Ahora eran padres de un niño precoz de cinco años y deseaban solucionar sus diferencias.

Los padres también, deberían ser conscientes de que es muy importante que ambos estén de acuerdo en las reglas y consecuencias que desean establecer y comprometerse a aplicarlas firmemente.

Tom había crecido en un hogar muy estricto y ordenado. El método fundamental utilizado en su casa eran las palizas. Tom estaba convencido de que el método de su padre era bueno y que Cindy era demasiado indulgente. Por otro lado, Cindy no creía que fuera bueno golpear a un niño y pensaba que Tom era demasiado crítico y severo.

Tom fue capaz de admitir que los castigos corporales no eran muy efectivos con su hijo de cinco años como lo habían sido con su hijo mayor. De hecho, el niño se mostraba cada vez más desafiante cuando le pegaba (recuerden que los niños demandan atención aunque sea negativa, como en el caso de las palizas).

Como Tom era un hombre lógico, no deseaba abandonar el estilo de educación paterna, pero se mostró interesado por hacer un experimento. Les sugerí que intentaran alguna de las técnicas que se explican en este libro durante un mes. Los padres iban a intentar encontrar el momento en que su hijo se portara bien y lo alabarían por su conducta. Cuando resultara necesario disciplinarlo, le advertirían lo que estaba pasando y le indicarían una posible consecuencia tal como castigarlo sin televisión o restringir sus videojuegos.

A final de mes, Tom admitió que las nuevas técnicas educativas resultaban eficaces. El niño se portaba mucho mejor y además Tom disfrutaba más de su hijo pequeño y no discutía con su mujer (también sugerí a Cindy que premiara la nueva conducta de Tom como padre).

Si ustedes no se ponen de acuerdo con las estrategias a utilizar con los niños, quizá sea útil sugerir «un experimento», como sucedió en el caso de Tom y Cindy. Tengan en cuenta que uno de los padres puede rehusar abandonar sus ideas porque siente que al hacerlo admitiría que estaba equivocado(a). Para evitar esta lucha de poder, pueden leer juntos un libro sobre cómo educar a los hijos (yo recomiendo éste), asistir a una escuela para padres o incluso buscar un terapeuta familiar. Es más fácil aplicar nueva información si proviene de una fuente exterior a la familia.

Mostrar al niño un frente común y ser firmes son dos actitudes muy importantes que evitan que los niños se sientan inclinados a probar los límites de los padres con el fin de descubrir cuáles son las reglas en una determinada semana. Además, si las consecuencias se respetan, tendrán menos oportunidades de «escapar» de un mal comportamiento.

Conclusión

La firmeza es un modo esencial de ayudar a sus hijos a que crezcan con un sentido de seguridad que excede el área de la disciplina y el orden. Es difícil sobrestimar el valor que tiene para un niño que sus padres le pregunten metódicamente cómo le fue en el colegio. Cuando los padres acuden a los eventos deportivos o las fiestas del colegio con regularidad, comunican a los hijos el valor que tienen para ellos. Del mismo modo sucede cuando les expresan constantemente el amor incondicional que sienten por él, reduciendo las posibilidades de que el niño o la niña sea dominado(a) por miedos o inseguridad.

Pero además de estas ventajas evidentes, la firmeza puede ser uno de los mayores desafíos para los padres. Dado lo ocupados que estamos, ofrecer un orden y la capacidad de predecir puede ser una tarea abrumadora. Todos experimentamos cambios emocionales, y puede resultar difícil pronunciar una advertencia y su posible consecuencia de una manera relajada, cuando se está preocupado porque no llega la promoción esperada o porque el silenciador ha decidido terminar abruptamente la relación con su coche.

Pero además de estas ventajas evidentes, la firmeza puede ser uno de los mayores desafíos para los padres. Dado lo ocupados que estamos, ofrecer un orden y la capacidad de predecir puede ser una tarea abrumadora.

Sólo puedo sugerir que realicen un sincero esfuerzo. Si cometen errores, no sean demasiado estrictos consigo mismos. Después de todo, los seres humanos nos equivocamos; es una parte natural de la vida (véase la mina mental 5). Si se da lo mejor de uno mismo, pronto se descubrirá que las ventajas justifican el esfuerzo.

Cosas para recordar

No ser firme

- Ser estricto o liberal no es tan importante como el hecho de mantenerse firme a la hora de establecer reglas y consecuencias.
- Es preciso cumplir con la palabra dada en todas las ocasiones.
- Si se hace una advertencia, se debe aplicar la consecuencia indicada.
- Las reglas firmes ofrecen un orden necesario para que los niños crezcan seguros de sí mismos y con capacidad de prever las situaciones y controlarse.
- Es aconsejable establecer unos hábitos para las mañanas y las noches.
- Se debe establecer castigos que sean breves y aplicables.
- No se debe imponer un castigo cuando se está enfadado.
- Los padres deben presentar un frente común ante sus hijos.

Autoprueba 3

1. Ser firme significa .... las reglas y sus consecuencias.

   A. Evitar
   B. Hacer cumplir.
   C. Instaurar de un modo efectivo.
   D. Establecer con severidad.

2. ¿Cuántas advertencias deben hacer los padres antes de aplicar las consecuencias indicadas?

   A. Dos.
   B. Ninguna.
   C. Tres.
   D. Una.

3. Un .... firme proporciona a los niños una sensación de seguridad y la capacidad para predecir situaciones y para controlarse.

   A. Orden.
   B. Elogio.
   C. Castigo.
   D. Ejercicio.

4. ¿Cuál de las siguientes respuestas es generalmente el método más eficaz para controlar un problema de comportamiento?

   A. Consecuencias prolongadas.
   B. Castigos verbales.
   C. Consecuencias breves pero intensas.
   D. Ignorar el comportamiento.

5. ¿Intentarían los niños «probar los límites» al advertir que las reglas no son firmes?

   A. Nunca.
   B. A veces.
   C. Casi siempre.

6. Si los padres discrepan sobre un determinado tema, deberían:

   A. Discutirlo cuando surge el tema en cuestión para que los niños aprendan cómo se resuelven los desacuerdos.
   B. Apoyarse mutuamente frente a los niños y discutir más tarde sus diferencias.
   C. Dejar que los niños decidan al respecto.
   D. Llamar a un programa de radio matutino.

Respuestas

1. Ser firme significa .... las reglas y sus consecuencias.

   Respuesta B: ¡Si lo pronuncia, cúmplalo!

2. ¿Cuántas advertencias deben hacer los padres antes de aplicar las consecuencias indicadas?

   Respuesta D: Si los padres hacen una advertencia y luego se atienen a las consecuencias, no será necesario volver a insistir en ello.

3. Un .... firme proporciona a los niños una sensación de seguridad y la capacidad para predecir situaciones y para controlarse.

   Respuesta A: Si un niño sabe lo que puede esperar no intentará probar los límites para descubrir cuáles son sus expectativas.

4. ¿Cuál de las siguientes respuestas es generalmente el método más eficaz para controlar un problema de comportamiento?

   Respuesta C: Generalmente las consecuencias breves pero sólidas son más efectivas que las prolongadas puesto que en éstas últimas es más fácil hacer excepciones.

5. ¿Intentarían los niños «probar los límites» al advertir que las reglas no son firmes?

   Respuesta: Sí. Si los niños no tienen claro los límites para su comportamiento, siempre intentarán comprobar cuáles son los límites para saber cómo escapar de ellos.

6. Si los padres discrepan sobre un determinado tema, deberían:

   Respuesta B: Los padres deben presentar un frente común ante el niño.

Cerrar la puerta de la comunicación directa

SER CAPAZ DE COMUNICARSE con los hijos es quizá una de las habilidades más importantes que deben tener los padres. Si los niños saben que pueden compartir con ellos sus sentimientos, se sienten valorados y bajo control. La comunicación efectiva es esencial para enseñar a los niños a autovalorarse, a resolver problemas y a llevarse bien con los demás.

La comunicación es esencial porque, cuando los niños crecen, disminuye el control que los padres ejercen sobre ellos. Cuando los padres dejan de tener influencia directa en el entorno inmediato del niño, lo más efectivo es un diálogo abierto y sincero. Sin la capacidad de comunicarse con los hijos, los padres quedarán atrapados en una eterna lucha de poderes o simplemente se verán forzados a sentarse y «esperar lo mejor».

La comunicación con los hijos puede ser abierta o cerrada. Con bastante frecuencia los padres inconscientemente bloquean la comunicación con el niño. Algunos padres se sienten incómodos con las fuertes emociones que a veces sus hijos desean expresar. En otras ocasiones, en su empeño por enseñar a los niños, pueden ofrecerles consejos que ellos no necesiten o no deseen escuchar. De este modo, los niños no se sentirán escuchados y recurrirán menos a sus padres en el futuro.

Para que la comunicación con los niños sea abierta y efectiva, ellos deben sentir que sus padres desean verdaderamente escucharlos y que les prestarán una completa atención. Si temen que al hablar con sus padres puedan recibir un torrente de críticas que han escuchado con frecuencia, simplemente evitarán la comunicación.

Una forma de crear una comunicación cerrada es responder a los niños y adolescentes con uno de los siguientes roles.

> **P**ara que la comunicación con los niños sea abierta y efectiva, ellos deben sentir que sus padres desean verdaderamente escucharlos y que les prestarán una completa atención.

Los padres autoritarios

Un padre o una madre que emplea este estilo de comunicación está muy preocupado(a) por mantener el control. Como los sentimientos intensos son tan «desordenados», estos padres indicarán al hijo(a) que se contengan y sigan adelante. Mediante órdenes, demandas o amenazas, los padres autoritarios transmiten a los hijos que se deshagan de lo que ellos consideran sentimientos innecesarios o indeseables. Estos padres pueden decir frases como las siguientes:

«Cálmate; no es necesario llorar.»
«No debes sentirte de ese modo.»
«¡No se te ocurra levantarme la voz!»

Los padres autoritarios frecuentemente interrumpen y atropellan a sus hijos.

MADRE: Ven aquí y ayúdame a fregar.
HIJA: Pero, mamá, estoy en la mitad de un problema de matemáticas. ¿Puedo terminarlo primero?
MADRE: No me importa lo que estés haciendo. Te he dicho que vengas a ayudarme ahora mismo.

Este estilo de comunicación indica claramente que el padre o la madre otorga poco valor a lo que el niño o la niña siente, piensa o hace. Funciona sobre la premisa de que los padres, que son mayores, más fuertes y más inteligentes, tienen necesidades más importantes que las del niño. Subestima las necesidades de los hijos y transmite el mensaje de que los padres no están interesados en lo que ellos tengan que decir.

Los padres que dan conferencias

Cualquier padre o madre que incurra en este tipo de comunicación ha visto cómo los ojos de su hijo(a) se deslizan hacia arriba mientras las corazas psicológicas van apareciendo. Estos padres tienden a cerrar la comunicación pronunciando inmediatamente una conferencia. La palabra favorita utilizada por los padres que dan conferencias es *deberías*. Su mayor preocupación es que se experimenten solamente los sentimientos *correctos*. Algunas de sus frases típicas podrían ser las siguientes:

«No deberías enfadarte tanto. Tu profesor sabe lo que es mejor para ti.»
«No deberías sentirte de ese modo, no es lo que yo pretendía.»
«No deberías estar tan aburrida. Es un día precioso.»

Este estilo de comunicación bloquea las conversaciones entre padres e hijos porque, en esencia, los padres terminan indicándoles lo que debería hacer o sentir.

Hijo: Mamá, llamé a Tony y lo invité a que viniera, pero por tercera vez me dijo que estaba ocupado. Creo que ya no le interesa ser mi amigo.

MADRE: De cualquier modo no deberías llamarlo. No es la clase de persona indicada para ti. Deberías llamar a Frank, el niño que vive en la calle de abajo.

HIJO: Pero, mamá...

Como el hijo de este ejemplo, a nadie le gusta que le indiquen qué es lo que debe hacer o sentir, y nadie desea recibir constantemente una conferencia.

Los padres que hacen sentir culpa

Estos padres están muy preocupados porque el niño sepa que ellos son superiores. Su principal objetivo parece ser que el niño comprenda que sus padres son mayores, más sabios y que nunca se equivocan. Esta clase de padres pueden hacer los siguientes comentarios:

«¿Acaso no te había dicho que esto iba a suceder?»
«Si me hubieras escuchado antes...»
«¿Comprendes ahora lo que quería decirte?»

En ocasiones, este tipo de padres eligen los sarcasmos, los insultos o las humillaciones para afirmarse. Estas técnicas destructivas sólo consiguen que los padres parezcan superiores al precio de subestimar a los niños. Algunos ejemplos pueden ser:

«Puedes llegar a ser muy tonto.»
«¿Qué es lo que has hecho esta vez?»
«No seas idiota, eso nunca funcionará.»

Los hijos de este tipo de padres se convierten en personas dubitativas y deben consultar todo con sus padres. Aprenden que nada de lo que hagan estará realmente bien hecho.

HIJO: Papá, ven a ver el pro-
          yecto que he diseña-
          do para la feria de
          ciencias. Es un
          motor a vapor ali-
          mentado con ener-
          gía solar. Mira,
          cuando la lámpara
          solar se gira hacia el
          depósito, el agua
          comienza a calentarse y...

Los hijos de este tipo de padres se convierten en personas dubitativas y deben consultar todo con sus padres. Aprenden que nada de lo que hagan estará realmente bien hecho.

PADRE: ¿Acaso eres tonto? Este artefacto no funcio-
          nará. La lámpara esta demasiado lejos del
          depósito y el agua no se calentará lo suficien-
          te como para producir vapor. Algunas veces
          me pregunto si te detienes a pensar en lo que
          estás haciendo.

El padre de este ejemplo ignora totalmente la iniciativa de su hijo al diseñar un proyecto. En vez de elogiarlo y luego ayudarle a perfeccionarlo, lo avergüenza por haber hecho un trabajo imperfecto.

Los padres que quitan importancia a las cosas

Estos padres, por alguna razón, creen que tranquilizando rápidamente a sus hijos arreglarán cualquier problema. Es posible que teman involucrarse emocionalmente o que estén demasiados preocupados por otras cuestiones. Por desgracia, este tipo de comunicación hace que los niños y adolescentes sientan que sus padres no escuchan realmente lo que ellos sienten o simplemente que no los comprenden o no se ocupan de ellos. Algunos comentarios típicos de estos padres son los siguientes:

«No se trata de un gran problema; olvídate de ello.»
«Mañana verás las cosas de otra manera.»
«Es sólo una etapa, ya pasará.»

HIJA: Papá, no sé si quiero seguir jugando al balon-
            cesto.
PADRE: ¿Por qué no? La temporada está a punto de
            terminar.
HIJA: Cada vez que cojo el balón alguien me lo
            quita y nunca acierto mis tiros libres.
PADRE: No te preocupes. Estoy seguro de que pronto
            lo harás mejor.

Aunque esta conversación parece no ser perniciosa, este
padre bien intencionado no se está ocupando de las preocupaciones de su hija. La comunicación hubiese sido más positiva si hubiera considerado los miedos y preocupaciones de
su hija antes de apresurarse a asegurarle que pronto se
solucionaría su problema.

La mayoría de los padres incurrimos ocasionalmente en
una o más de estas pautas, nadie es inmune. Sin embargo,
es importante reconocer que obturan o bloquean la comunicación, y debemos evitar utilizarlo siempre que sea
posible.

El arte de escuchar

Para tener una comunicación abierta con sus hijos, los
padres deben aprender a escuchar. Saber escuchar no es
una actividad pasiva, sino por el contrario muy activa. Por
extraño que pueda parecer, saber escuchar supone un
esfuerzo de concentración. El primer paso es manifestar claramente que los padres se encuentran realmente disponibles.

Michael, un nuevo cliente, acudió a mi consulta para
hablar de su frustración en relación con sus padres. A los

quince años estaba aprendiendo a ser más independiente, pero ocasionalmente necesitaba la guía y el apoyo de sus padres. Durante nuestra sesión inaugural de terapia, explicó su problema.

«Mis padres son majos, al menos eso creo. Quiero decir que me alientan a que hable con ellos cuando tenga problemas. Aunque el caso es que no parecen decirlo en serio. Mi padre me escucha a medias. No puedo decir que no desee ayudarme, pero parece preferir volver a su ordenador. Mi madre también me dice que puedo hablar con ella, pero siempre termina dándome una conferencia.»

Aunque los padres de Michael pensaban honradamente que estaban a disposición de su hijo, eso no era precisamente el mensaje que Michael recibía. Aunque sus padres expresaban que estaban deseosos de comunicarse con él, sus actos indicaban lo contrario.

Aprendí una lección similar cuando Lindsey tenía tres años. Al final de un largo día volvía a casa del trabajo e intentaba ver las noticias en la televisión. Deseaba esos treinta minutos para desconectar del trabajo antes de compartir la tarde con ella. Lindsey, sin embargo, tenía otras ideas. Tan pronto llegué a casa, se sentó para hablar conmigo y para que jugáramos. Desde su punto de vista, había estado fuera de casa todo el día y era hora de que jugáramos juntos.

Cuanto más trataba de disuadirla, más insistía y lloriqueaba la niña. No conseguía ver las noticias ni jugar con mi hija. No lograba prestarle atención ni disfrutar del telediario. De pronto advertí que debía modificar la táctica.

En vez de escuchar pasivamente a Lindsey mientras intentaba ver la televisión, decidí abandonar las noticias, escuchar *activamente* a Lindsey y jugar con ella. Los primeros minutos fueron ricos en juegos, fantasías e historias sobre lo que había hecho ella ese día. Fui capaz de ver sus ojos iluminados y escuchar su risa infantil. Ambos nos sentimos más felices, y después de todo podía ver el telediario de las diez de la noche.

Haber tomado la decisión consciente de escuchar activamente a mi hija nos ha beneficiado enormemente en los años siguientes. Lindsey no ha dudado en pedirme ayuda con sus pruebas escolares y solicitar consejos para resolver sus problemas, incluso cuando tuvo su primer novio. Espero que, cuando sea mayor, se sienta libre para compartir conmigo sus preocupaciones y sus alegrías tal como lo hace ahora.

Debido al estrés diario y a las presiones que experimentan los padres en su vida cotidiana, es fácil que no se ocupen de sus hijos o que sólo los escuchen pasivamente. Incluso si un padre o una madre no es capaz de prestar completa atención al niño o al adolescente en un momento determinado, sólo se tarda unos pocos segundos en detenerse y responderle directamente. Es mejor decirle: «En este momento estoy ocupado(a). ¿Podemos hablar en quince minutos?», que escucharlo(a) a medias. Al menos así comprenderá que la madre o el padre se interesa por lo que él o ella tiene que decir y está deseoso(a) de dedicarle parte de su tiempo. Si el niño o niña es capaz de esperar el tiempo indicado, *asegúrese* de decirle que aprecia su paciencia. Respételo(a) de la misma forma que esperaría el respeto de su pareja o de un amigo(a) en las mismas circunstancias.

Escuchar reflexivamente

Una vez que los niños saben que sus padres tienen tiempo para escucharlos, se mostrarán más inclinados a iniciar un proceso de comunicación. Luego llega el segundo paso de la comunicación abierta, que es *escuchar reflexivamente*.

Al escuchar reflexivamente se reconoce el hecho de que todos nos comunicamos en dos niveles: el nivel del contenido y el nivel emocional. El nivel de contenido de cualquier comunicación es el tema real de que se habla. El nivel emocional supone las emociones latentes asociadas con el contenido. Reconocer el contenido emocional de una conversación es una habilidad esencial, en especial con los niños pequeños, a quienes a menudo resulta difícil identificar y verbalizar sus emociones.

Cuando los padres identifican el contenido emocional de los mensajes de sus hijos, les hacen saber que los han escuchado activamente. Si los niños se sienten escuchados y comprendidos, se sentirán valorados y estarán más motivados a continuar la conversación. Al escuchar reflexivamente, los padres promueven y sostienen la comunicación abierta.

> Al escuchar reflexivamente se reconoce el hecho de que todos nos comunicamos en dos niveles: el nivel del contenido y el nivel emocional.

Escuchar reflexivamente supone específicamente intentar comprender el contenido emocional del mensaje y luego hacérselo saber al niño. Obsérvese cómo se detiene rápidamente una comunicación cuando sólo se reconoce el contenido del mensaje.

JILL: Mi maestra no me dejó entregar la tarea porque la presenté un día más tarde de lo indicado.

PADRE: La hubieras entregado a tiempo si hubieras dejado de hablar por teléfono a una hora decente.

JILL: Sí, supongo que así es.

SAM: Mamá, Johnny se fue a jugar con el nuevo niño y he tenido que jugar solo.

MADRE: Tienes otros amigos.

SAM: Claro que sí.

Es fácil comprobar en estos ejemplos que el hecho de que los padres se ocuparan solamente del contenido no ha alentado a los niños a continuar con la conversación. De hecho, ellos han sentido inmediatamente que sus padres no comprendían lo que querían decirles. Al negarse a escuchar las emociones subyacentes a los mensajes, la conversación se enfrió. Jill no tuvo la oportunidad de comentar cómo se sentía, y Sam recibió el mensaje de que sus sentimientos no eran adecuados.

Observemos ahora la gran diferencia que supone para la comunicación padre-hijo cuando los padres se esfuerzan por comprender las emociones y el contenido específico de lo que los niños cuentan.

JILL: Mi maestra no me dejó entregar mi tarea por-
         que la presenté un día más tarde de lo indicado.
PADRE: Te habrás sentido frustrada.
JILL: Supongo que sí, pero más que nada avergon-
         zada porque ella lo dijo en voz alta para que
         toda la clase lo escuchara.
PADRE: Puedo imaginar lo embarazoso que habrá
         resultado.
SAM: Johnny se fue a jugar con el nuevo niño
         durante el recreo y tuve que jugar solo.
MADRE: Imagino lo mal que te habrás sentido.
SAM: Claro que sí.

En ambos ejemplos, los padres intentaron identificar y luego comunicar un sentimiento a su hijo(a). Como su padre expresó las posibles emociones sin decir una frase definitiva, Jill pudo ajustar su respuesta para reflejar con mayor exactitud sus sentimientos. En ambos ejemplos se logró una comunicación más abierta y efectiva.

Es particularmente importante prestar atención a los niños cuando expresan su ira, ya que es un sentimiento que normalmente oculta otras emociones. Cuando los niños expresan su cólera, pueden realmente estar sintiendo muchas otras emociones.

Por ejemplo, Shane de diecisiete años, acaba de recibir una llamada de su novia diciéndole que ya no quiere salir más con él porque ha conocido a otro chico. Mientras cuelga el teléfono, Shane dice un montón de tacos. Luego pega un puntapié a una silla y se tumba en el sofá arrojando uno de los almohadones contra la pared. Shane parece estar muy enfadado.

Superficialmente, Shane parece enfadado; sin embargo, sospecho que realmente está sintiendo otra cosa. Es probable que se sienta abandonado, rechazado, traicionado, asustado, solo, o una combinación de todas estas emociones. Como aún no ha identificado lo que siente, opta por la emoción más fácil, más amplia y más accesible: la ira.

Es particularmente importante prestar atención a los niños cuando expresan su ira, ya que es un sentimiento que oculta otras emociones.

Ahora supongamos que su padre entra en el salón justamente después de que Shane se ha tumbado en el sofá y ha arrojado el cojín contra la pared. Esto es lo que podría suceder si el padre respondiera únicamente a la aparente cólera de Shane.

PADRE: Caramba hijo, ¿qué diablo se te ha metido en el cuerpo? Parece como si pudieras masticar clavos.

SHANE: Esa estúpida de Sandy. Me ha dejado. No puedo creer que prefiera salir con ese anciano de Benjamin. [Shane arroja otro cojín.]

PADRE: Ya sé que estás enfadado pero debes calmarte. Encontrarás otra chica; ella se lo pierde.

SHANE: Maldito sea, papá. Simplemente no entiendes nada. [Shane sale como un torbellino de la habitación.]

El hijo no se siente escuchado por su padre porque éste no ha mirado por debajo de la cólera superficial del adolescente. Como consecuencia el hijo abandona violentamente la habitación y su padre se siente perdido y confuso. El siguiente ejemplo muestra cómo se podía haber desarrollado esta conversación si el padre hubiera intentado reconocer qué emociones se escondían bajo la ira de su hijo.

PADRE: Caramba, hijo, ¿qué diablo se te ha metido en el cuerpo? Parece como si pudieras masticar clavos.

SHANE: Esa estúpida de Sandy. Me ha dejado. No puedo creer que prefiera salir con ese anciano de Benjamin. [Shane arroja otro cojín.]

PADRE: [Se sienta junto a su hijo.] Comprendo que te sientas mal porque ella te ha dejado. Kinda te hace pensar que hay de malo en ti, ¿verdad?

SHANE: Sí, supongo que así es. Nunca hubiera esperado que me hiciera algo semejante.

PADRE: Cuando alguna chica me dejó, sentí ganas de dar un puntapié a la pared, pero luego me calmaba y me daba cuenta de que en realidad me sentía dolido.

SHANE: Claro que duele.

PADRE: [Abrazando a Shane.] Ya sé que es doloroso hijo.

En este segundo ejemplo el padre intenta ver lo que oculta la ira de su hijo. No resta importancia a lo que éste siente ni le sugiere rápidamente que supere lo que está sintiendo. Simplemente trata de identificar sus verdaderos sentimientos para que el hijo los reconozca. Imagino que Shane buscará en el futuro la ayuda de su padre cuando se sienta agobiado o confuso.

En muchos casos puede ser necesario poner de manifiesto el contenido del mensaje y además las emociones que lo acompañan. Al ocuparse de ambos niveles, el padre transmite al hijo o hija que lo está escuchando con atención. También le ofrece la oportunidad de corregir los acontecimientos o las emociones subyacentes. Los padres deben simplemente sugerir los posibles sentimientos que despierta la situación. El padre del siguiente ejemplo realiza un buen trabajo al ocuparse del contenido y de las emociones que su hijo le comunica.

JOSH:	Ha sido una fiesta de cumpleaños muy aburrida. Ojalá no me hubieran invitado. Nadie quiso jugar conmigo.
PADRE:	¿Te has sentido excluido porque no querían jugar contigo?
JOSH:	Me dejaron jugar, pero no fueron muy amables conmigo.
PADRE:	¿Te ha dolido que no te trataran bien?
JOSH:	Bueno...

Al ocuparse de las emociones y del contenido, el padre permitió a Josh expresar sus sentimientos y le dio la oportunidad de esclarecer lo que había sucedido. Allanó el camino para que la conversación se aclarara tanto en relación con los acontecimientos reales como con los sentimientos que habían despertado.

Escuchar reflexivamente puede parecer una tarea difícil en principio porque muchos padres no están acostumbrados a detenerse y reflexionar antes de responder. Parece más sencillo reaccionar sin pensar. Sin embargo, como cualquier otro aprendizaje, con el tiempo y la práctica no será difícil escuchar reflexivamente.

Comunicación abierta y cerrada

Al estar dispuesto a comunicarse con sus hijos y al haber aprendido a escuchar, es posible crear un ambiente que estimule la confianza y la seguridad necesarias para mantener una comunicación abierta que sea realmente efectiva. No tener tiempo disponible para hablar con sus hijos o asumir comportamientos destructivos tendrá exactamente el efecto opuesto. Sus niños no se animarán a acercarse para pedirle consejos por el temor a no sentirse escuchados.

A continuación expondré algunos ejemplos para evaluar si promueven una comunicación abierta o cerrada entre padres e hijos. Juzguen cada ejemplo basándose en los diferentes estilos para educar a los hijos y en las técnicas para escuchar de las que nos hemos ocupado en este capítulo. Después de haber apuntado sus impresiones, lean las mías para comprobar en cuáles coincidimos.

> **A**l estar dispuesto a comunicarse con sus hijos y al haber aprendido a escuchar, es posible crear un ambiente que estimule la confianza y la seguridad.

Ejemplo 1

SONIA: Siento haber llegado tarde, papá, pero no sabes lo que ha ocurrido en el colegio. Jennifer hizo novillos a la séptima clase y la castigaron severamente durante una semana.

PADRE: Espero que ahora te des cuenta de que Jennifer es una mala influencia para ti. Estoy seguro que tiene lo que se merece.

¿Es esta una comunicación abierta o cerrada?
Abierta .... Cerrada ....

Ejemplo 2

TODD: Mamá, ¿puedes decirle a Jason que salga de mi habitación. Desordena mis cosas y me molesta mientras intento hacer mis tareas escolares.

MADRE: ¿Por qué no cierras la puerta de tu habitación?

¿Es esta una comunicación abierta o cerrada?
Abierta .... Cerrada ....

Ejemplo 3

MATT: No entiendo por qué no puedo regresar a casa
            a media noche; todos mis amigos lo hacen.
PADRE: ¿Piensas que no es justo que te demos permi-
            so hasta las 11.30?

¿Es esta una comunicación abierta o cerrada?
Abierta .... Cerrada ....

Ejemplo 4

MARTHA: No puedo creer que Stan le haya pedido a
            Judy ir al baile en vez de pedírmelo a mí.
            Hace tres meses que estamos saliendo.
MADRE: No te preocupes cariño, seguramente otro
            chico te invitará a ir con él.

¿Es esta una comunicación abierta o cerrada?
Abierta .... Cerrada ....

Ejemplo 5

DAMON: Mamá, te aseguro que había estudiado para el
            examen de matemáticas. No sé qué me pasó.
            Creo que no se me dan las matemáticas.
MADRE: Parece que estuvieras frustrado y a punto de
            rendirte.
DAMON: Claro que lo estoy, pero no tengo ganas de
            tener que ir a clases en verano. ¿Crees que
            podría conseguir un profesor?

¿Es esta una comunicación abierta o cerrada?
Abierta .... Cerrada ....

Mis impresiones

Ejemplo 1

Esta comunicación es indudablemente cerrada. El padre ha incurrido en la actitud de los padres que hacen sentir culpa. Debido a la naturaleza censuradora de la respuesta de su padre, Sonya no puede continuar la conversación. Es bastante probable que en el futuro dude antes de acercarse a él.

Ejemplo 2

La actitud de los padres que dan conferencias adoptado en este ejemplo da como consecuencia una comunicación cerrada. Por dar inmediatamente un consejo no solicitado, esta madre no logra reconocer la ira y la frustración que siente este joven por haber sido violentada su intimidad.

Ejemplo 3

La respuesta de este padre promueve absolutamente una comunicación abierta. Refleja los sentimientos de injusticia de su hijo y deja la puerta abierta para futuras conversaciones. Incluso si este padre no modifica el horario de llegada, Matt indudablemente se ha sentido escuchado por él.

Ejemplo 4

Esta madre ofrece a su hija una respuesta típica de los padres que restan importancia a las cosas. Su actitud subestima los sentimientos de la niña y cierra la puerta a futuras conversaciones.

Ejemplo 5

Esta madre evita aconsejar apresuradamente a su hijo o definir categóricamente sus sentimientos de frustración y de decepción. De este modo, no sólo valora sus emociones sino que le da la oportunidad de encontrar una solución por sí mismo. Este joven probablemente se acercará a su sabia madre cada vez que tenga problemas.

Comunicación no verbal

Finalmente, debemos agregar que ninguna comunicación con niños o adolescentes es completa si no concedemos importancia a la comunicación no verbal. Ser receptivo frente a las expresiones no verbales de nuestros hijos nos permite conocer sus estados de ánimo, sus sentimientos y el estado actual de su mente. Además, los niños son extraordinariamente sensibles a las indicaciones no verbales de sus padres.

Ser receptivo frente a las expresiones no verbales de nuestros hijos nos permite conocer sus estados de ánimo, sus sentimientos y el estado actual de su mente. Además, los niños son extraordinariamente sensibles a las indicaciones no verbales de sus padres.

Como ya hemos dicho, alentar a los niños para que expresen sus emociones es de vital importancia, y responder a su comportamiento no verbal ofrece una excelente oportunidad para hacerlo. He aquí algunos ejemplos de respuestas constructivas a indicaciones no verbales:

«La forma en que estás moviendo tus ojos parece indicar que no estás de acuerdo. ¿No es verdad?»
«Pareces sentirte muy a gusto contigo mismo.» (Respondiendo a una sonrisa.)
«Veo que te sientes frustrado por no poder jugar con Jason. ¿Quieres que hablemos de eso?»

También es importante la conducta no verbal de los padres. Nada frustrará más el intento de un niño por comunicarse con su padre o madre si le dicen: «Te estoy escuchando», cuando es evidente que esta distraído. He aquí algunas sugerencias para mejorar su propia comunicación no verbal con sus hijos:

- Abandone lo que está haciendo y preste atención a su hijo(a).
- Mírelo(a) a los ojos. Inclínese hacia delante, especialmente cuando le comunica algo que él o ella considera importante.
- Evite interrumpir a su hijo(a). Déjelo(a) terminar de hablar para que vea que usted está realmente interesado en lo que le pasa.
- Asienta con la cabeza ocasionalmente.
- Sonría cuando sea oportuno para indicarle que no supone una carga hablar con él.
- Un «Mmm» de vez en cuando le hace saber al niño o la niña que lo(a) está escuchando atentamente.

Conclusión

Cuando los padres aprenden a mejorar su capacidad para comunicarse con los hijos, pronto advertirán importantes cambios. Los niños se sentirán más inclinados a compartir sus preocupaciones y a aceptar las sugerencias de sus padres porque se sentirán escuchados y comprendidos. También ellos aprenderán a comunicarse mejor y tendrán menos conflictos con sus compañeros.

Cuando los niños son mayores, es aún más importante sostener una comunicación efectiva. Los padres deberán comunicarse cada vez mejor con sus hijos adolescentes a medida que disminuye el control directo sobre ellos. Tener una buena comunicación con los niños pequeños es un buen inicio para esos años difíciles de la adolescencia.

Cosas para recordar

Cerrando la puerta de la comunicación directa

- Cuando los niños crecen, la comunicación abierta es el recurso más efectivo que tienen los padres.
- Una comunicación abierta supone menos peleas entre padres e hijos.
- Preste su total atención a los niños y adolescentes cuando converse con ellos.
- Existen diversos estilos de educación que promueven una comunicación cerrada:

  Padres autoritarios.
  Padres que dan conferencias.
  Padres que hacen sentir culpa.
  Padres que restan importancia a las cosas.

- Escuchar es un proceso *activo*.
- Siempre que sea posible, escuche reflexivamente.

Autoprueba 4

1. Cuando los niños crecen, ¿cuál es el recurso más efectivo del que disponen los padres?

   A. Las llaves del coche.
   B. Retirarles sus privilegios.
   C. El elogio.
   D. La comunicación.

2. ¿Qué tipo de proceso supone escuchar?

A. Activo.
B. Pasivo.

3. Debería es la palabra favorita utilizada por los padres ....

A. Autoritarios.
B. Que dan conferencias.
C. Que hacen sentir culpa.
D. Que restan importancia a las cosas.

4. Los padres .... están esencialmente preocupados por mantener el control de la situación.

A. Autoritarios.
B. Que dan conferencias.
C. Que hacen sentir culpa.
D. Que restan importancia a las cosas.

5. Los padres .... intentan resolver rápidamente las cosas cuando sus hijos expresan emociones fuertes.

A. Autoritarios.
B. Que dan conferencias.
C. Que hacen sentir culpa.
D. Que restan importancia a las cosas.

6. El principal objetivo de los padres .... es que los hijos comprendan que ellos son mayores, más sabios y que siempre actúan correctamente.

A. Autoritarios.
B. Que dan conferencias.
C. Que hacen sentir culpa.
D. Que restan importancia a las cosas.

7. Los dos niveles de comunicación son el nivel del contenido y el ....

8. En esta técnica las emociones y los acontecimientos de una determinada conversación son parafraseadas y comunicadas al niño.

   A. Amor incondicional.
   B. Resolver problemas.
   C. Escuchar activamente.
   D. Ironía verbal.

Respuestas

1. Cuando los niños crecen, ¿Cuál es el recurso más efectivo del que disponen los padres?

Respuesta D: En cuanto disminuye el control que los padres ejercen sobre los niños y adolescentes, aumenta la necesidad de mantener una comunicación abierta con ellos.

2. ¿Qué tipo de proceso supone escuchar?

Respuesta A: Escuchar a los hijos requiere mucho más que simplemente oír las palabras que pronuncian.

3. Debería es la palabra favorita utilizada por los padres ....

Respuesta B: Esta palabra tiende a indicar el estilo de los padres que dan conferencias.

4. Los padres .... están esencialmente preocupados por mantener el control de la situación.

Respuesta A: Los padres autoritarios se preocupan por el dominio y el poder.

5. Los padres .... intentan resolver rápidamente las cosas cuando sus hijos expresan emociones fuertes.

Respuesta D: Los padres que restan importancia a las cosas invalidan los sentimientos de sus hijos.

6. El principal objetivo de los padres .... es que los hijos comprendan que ellos son mayores, más sabios y que siempre actúan correctamente.

Respuesta C: Los padres que hacen sentir culpa a menudo utilizan insultos, humillaciones o frases como «Ya te lo había dicho».

7. Los dos niveles de comunicación son el nivel del contenido y el ....

Respuesta: Emocional. En muchas conversaciones, las emociones latentes son más importantes que los hechos.

8. En esta técnica las emociones y los acontecimientos de una determinada conversación son parafraseadas y reveladas al niño.

Respuesta C: Cuando se escucha reflexivamente a los niños, ellos se sienten escuchados y comprendidos.

ERROR 5

Jugar a «arreglarlo»

N O IMPORTA CUÁN MARAVILLO-
SOS seamos como padres, de cualquier modo nuestros hijos deberán
enfrentarse con problemas, dilemas y obstáculos que forman
parte de la vida y resultan inevitables. Para la mayoría de
los padres resulta muy difícil ver a sus hijos luchando por
superar esos desafíos.

Como adultos que han tenido que afrontar muchas dificultades, los padres desean utilizar su propia experiencia vital
para ahorrar el sufrimiento y el desaliento que ellos mismos
han experimentado a sus hijos. Naturalmente, desean protegerlos para que no cometan errores ni tomen decisiones que
no sean las ideales. Sin embargo, en su deseo por guiarlos y
protegerlos, muchos padres caen en la trampa de jugar a
«arreglar las vidas de sus hijos».

Apresurándonos a resolver los problemas de nuestros
hijos, los privamos de la oportunidad de aprender de las consecuencias de sus propias acciones. Inconscientemente, los
convertimos en seres dependientes de nosotros en vez de
enseñarles a ser autosuficientes. Evitar que ellos experimenten los efectos naturales de su comportamiento también
promueve frustración y resentimiento ya que se reprime su
deseo natural de explorar y crecer.

Los adolescentes tienden a sentir rencor hacia sus padres
o una excesiva dependencia de ellos cuando los padres les
aconsejan en vez de dejarlos aprender por sí mismos. Si los

consejos de los padres resultan ser efectivos, lo más probable es que los adolescentes atribuyan a sus padres los buenos resultados, en vez de reconocerlos como el resultado de su propia actitud e iniciativa. A la inversa, si los consejos no son efectivos, los adolescentes tienden a culpar a los padres en vez de aprender de sus propios errores.

Los padres de Raymond cometieron este error cuando su hijo empezó a tener problemas con su entrenador de fútbol. Una noche llegó a casa amargado y quejándose de que el entrenador no lo dejaba jugar lo suficiente. Su padre le sugirió con buen criterio que hablara con el entrenador, y Raymond aceptó el consejo.

> Los adolescentes tienden a sentir rencor hacia sus padres o una excesiva dependencia de ellos cuando los padres les aconsejan en vez de dejarlos aprender por sí mismos.

La noche siguiente Raymond volvió a casa enfadado y llorando. El entrenador le había dicho que no se concentraba en el juego, y además había agregado que no le permitiría jugar más tiempo hasta que cambiara de actitud y se esforzara en los entrenamientos.

Raymond volvió a casa culpando a su padre por sugerirle que hablara con el entrenador. Al darle un consejo directo en vez de ayudarle a decidir cómo resolver por sí mismo el problema, su padre había creado inconscientemente una situación en la que Raymond podía eludir su responsabilidad y en su lugar culpar a su padre por el mal consejo que le había dado.

El hábito de intentar resolver rápidamente los problemas de los niños a menudo comienza cuando son muy pequeños. En la agitación de la actividad diaria con frecuencia es más cómodo «hacer el trabajo» que tomarse el tiempo para enseñarle cómo realizar por sí mismo la tarea. La situación vivida por Diane con su hijo Doug de seis años es muy típica.

«Me resulta difícil conseguir que se vista por las mañanas y salir a tiempo. Siempre vamos con retraso. Doug comienza a vestirse, y de pronto lo encuentro sentado mirando la televisión. Normalmente, termino por ponerle los zapatos y abotonar su camisa para que podamos salir de casa.»

¿Se dan cuenta de cuál es el problema en esta situación? Doug no tiene motivación alguna para vestirse solo. Su madre, finalmente, lo hará por él, mientras él mira los dibujos animados. ¿Por qué debería aprender a vestirse solo?

Una forma de resolver las cosas que a largo plazo será más efectiva supone realizar un esfuerzo inicial. Diane debe reestructurar los hábitos matutinos a fin de que Doug se sienta motivado a vestirse solo y experimente las consecuencias lógicas de su acción o de su falta de acción.

Diane debe sentarse con Doug antes de que se vaya a la cama para discutir con calma el problema que existe por las mañanas. Luego le comunicará las «nuevas reglas» que se pondrán en práctica a partir de la mañana siguiente. Entonces le explicará que él debe permanecer en su habitación hasta que esté completamente vestido, incluido los zapatos. Sólo entonces podrá ver los dibujos animados.

Diane debe mostrarse muy positiva al describir el nuevo sistema, expresando su convicción de que él será capaz de vestirse rápidamente y que le dará tiempo para ver los dibujos animados. Le ayudará a vestirse únicamente si él le pide ayuda por algún problema en especial, e incluso en ese caso, le enseñará cómo hacerlo sólo la próxima vez.

Con un poco de planificación, Diane creará una situación en la que:

1. Doug será recompensado con más tiempo de dibujos animados si se viste con rapidez.
2. Perderá el tiempo de los dibujos animados si decide haraganear.
3. Diane ha creado una oportunidad para alabar a su hijo y para ayudarle a desarrollar su autoestima. Antes de las «nuevas reglas», siempre lo criticaba por su lentitud.
4. Doug aprenderá a ser más independiente y responsable.

Amy tiene diez años y pertenece a una familia con seis hermanos. Para funcionar efectivamente, cada niño es responsable de diversas tareas. Amy es responsable de colocar los platos en el lavavajillas después de que sus hermanos los han retirado de la mesa y aclarado. Sin embargo, cada noche su madre tiene que discutir con Amy para que se encargue de su tarea. Finalmente, los padres se cansan de discutir y la ayudan.

El problema se resolvió cuando sus padres decidieron poner en práctica un plan lógico. Como a Amy le gustaba montar en bicicleta con sus amigos después de la cena, los padres utilizaron esta actividad como un incentivo. Cuando la niña completaba la carga del lavavajillas podía salir a montar en bicicleta. Cuando no lo hacía o discutía por ello, esa noche se quedaba sin salir. Cuanto más rápido hiciera su trabajo, más tiempo podía pasar fuera de la casa. La solución fue simple y efectiva.

Dejar que los niños experimenten consecuencias lógicas es efectivo en todas las edades, incluso con los adolescentes. Si un adolescente acostumbra a volver a casa después de la hora de la cena, no le deje preparado un plato de comida. Las consecuencia lógicas de su retraso crónico —estar hambriento o prepararse una comida por sí mismo— supondrán una lección mucho más valiosa que la intervención directa de los padres.

De modo similar, si un adolescente se olvida de poner su ropa a lavar, pronto aprenderá la lección al no tener ropa limpia para ir a la escuela. Es más aconsejable enseñarle a ser responsable de su propia colada desde el principio. Recuerde, el objetivo más importante de los padres es enseñar a sus hijos a convertirse en adultos responsables e independientes.

Es de gran utilidad permitir que los niños y adolescentes aprendan de las consecuencias de sus propios actos. Sin embargo, en algunos casos se trata de salvaguardar su propia seguridad o de impedir que sus actos violen los derechos de los demás miembros de la familia. En estas dos situaciones es preciso que los padres se impliquen más directamente.

Por ejemplo, cuando un niño o una niña desea jugar al hockey en una calle muy transitada, está en juego su seguridad. La consecuencia lógica de ser atropellado por un coche no es aceptable; se requiere otra estrategia para establecer la disciplina. Otro caso similar se presenta cuando un adolescente escucha música a un volumen tan alto que perturba al resto de la familia; los padres deben intervenir para que no viole los derechos de los demás.

Resolución de problemas

Aun en aquellos casos en que los padres deben desempeñar un papel activo, es importante involucrar al niño o niña en el proceso. Esto se denomina resolución de problemas. Cuando surge esta situación, será mucho más efectivo solicitar ayuda del niño o la niña para resolver juntos el problema que simplemente dar órdenes y directivas. Este proceso supone un poco más de tiempo y esfuerzo, pero también disminuye las probabilidades de una lucha de poder entre los padres y los hijos. Al implicar a los hijos en el proceso, los padres fomentan un mayor grado de cooperación y los niños tendrán la sensación de haber triunfado cuando se resuelva satisfactoriamente el problema en cuestión.

La resolución del problema comienza por definir clara y serenamente el conflicto del que hay que ocuparse. Los detalles se deberían discutir en un momento en que las emociones no sean intensas. No deben existir acusaciones ni culpas, simplemente se debe exponer el problema. Por ejemplo:

«Hijo, esta mañana has vuelto a dejar tu bicicleta detrás de mi coche.»
«Cuando escuchas música después de las diez de la noche, tu padre y yo no podemos dormir.»

El paso siguiente es solicitar al niño o a la niña una lista de posibles soluciones. No juzgue las soluciones a medida que surjan, simplemente tome nota de ellas o apúntelas. Si su hijo(a) tiene dificultades para ofrecer alternativas, es posible que tenga usted que hacer algunas sugerencias. Frases como «Has considerado...?» o «Quizás podríamos...» a menudo son efectivas.

Después de que se hayan enumerado las alternativas posibles, será preciso discutirlas una por vez. Cuando se haya elegido la que promete ser la mejor solución, será preciso hacer un acuerdo (verbal o escrito) para intentar ponerla en práctica y luego comprobar en un tiempo especificado si es o no efectiva.

A continuación expondré un caso de resolución de problemas:

Caso 1

PADRE:	Eddie, cuando me marché esta mañana al trabajo, vi que habías dejado la bicicleta detrás de mi coche otra vez. Casi paso por encima.

EDDIE:	Lo sé papá. Lo siento.

PADRE:	Ya sé que lo sientes, pero como no te ocupas de colocarla donde debes, creo que tenemos que resolver juntos el problema. ¿Por qué no lo hacemos ahora? ¿Tienes alguna sugerencia?

EDDIE:	[Sonriendo.] Bueno, podrías mirar detrás de tu coche antes de marcharte.

PADRE:	Muy bien, ¿qué más?

EDDIE:	Podría recordar poner mi bici en el garaje.

PADRE:	¿Algo más?

EDDIE:	No se me ocurre nada más.

PADRE:	Bueno, quizá podría guardar la bici durante una semana la próxima vez que la encuentre detrás del coche para recordarte que la guardes o quizá simplemente podría pasarle por encima.

EDDIE: No me inclino por ninguna de estas soluciones.

PADRE: Veamos. Primero, no creo que sea suficiente esperar que recuerdes guardar la bicicleta, ya que eso es exactamente lo que has estado intentado.

EDDIE: Y yo no quiero que me destroces la bicicleta; sólo la tengo desde Navidad.

PADRE: Bueno, quizá podríamos combinar las dos últimas alternativas. Como tú has dicho, yo podría mirar detrás del coche antes de marcharme, y si encuentro allí la bici la guardaré durante una semana para que recuerdes guardarla. ¿Te parece justo?

EDDIE: ¿Qué te parece un par de días en vez de una semana?

PADRE: Si crees que un par de días es suficiente, lo intentaremos. En un par de semanas volvemos a hablar para ver como va todo.

EDDIE: Muy bien, papá, gracias.

En este ejemplo, el padre podría haberse enfadado y reñir a su hijo. Sin embargo, se involucró en un acuerdo para resolver juntos el problema en vez de crear una lucha de poder que no conducía a nada. El hijo aprendió a cooperar y a resolver problemas y es más probable que responda a la petición del padre ya que se ha involucrado en la solución. Este sabio padre logró que su hijo no volviera a dejar la bicicleta detrás de su coche y evitó una confrontación desagradable. Cuando al cabo de dos semanas vuelvan a reunirse, podrán modificar el acuerdo si es necesario. Si el acuerdo ha tenido éxito, el padre dispone de una excelente oportunidad para elogiar el sentido de responsabilidad del hijo y estimular su autoestima.

La siguiente situación es otro ejemplo de cómo lograr que los niños se involucren en el proceso de tomar decisiones:

Caso 2

MADRE: Julie, ¿no tienes tarea esta noche?

JULIE: [Mirando hacia abajo.] Bueno, se supone que debemos hacer un trabajo de matemáticas, pero olvidé mi carpeta en el colegio.

MADRE: Es la tercera vez esta semana que olvidas tu carpeta.

JULIE: Lo sé, mamá, y lo siento.

MADRE: Mira, querida, vamos a hablar un poco a ver si podemos lograr que recuerdes traer tus cosas a casa. Si sigues olvidándolas, pronto afectará tus notas.

JULIE: Sí, lo sé.

MADRE: ¿Se te ocurre algo?

JULIE: Podría intentar acordarme.

MADRE: Bien. ¿Alguna otra cosa?

JULIE: Podría llamar a Sally para que me pasara los deberes.

MADRE: Es una idea. ¿Y si apuntaras en una hoja las tareas y la profesora las firmara al final de la clase? Al final del día podrías mirar la hoja para asegurarte de que tienes todas las tareas contigo.

JULIE: Mmm, no sé…

MADRE: A ver que es lo que tenemos hasta ahora. Tú has sugerido que intentarías recordar tus tareas. ¿Crees que lo harás?

JULIE: [Sonriendo.] Bueno, creo que no ha funcionado muy bien esta semana.

MADRE: Veamos. Tú has sugerido llamar a Sally todas las tardes. ¿No crees que se cansaría de pasarte las tareas cada día?

JULIE: Probablemente.

MADRE: Bien, ¿qué te parece entonces lo de la hoja para apuntar los deberes?

JULIE: Mamá, no me apetece pedir cada día a la profesora que me firme la hoja. ¡Qué pensaría de mí!

MADRE: Te diré lo que haremos. Vamos a hacer ahora mismo una hoja para las tareas en el ordenador. Si eres capaz de apuntarlas y comprobarlas tú sola, no tendrás que pedirle a la profesora que lo haga. Inténtalo durante un par de semanas a ver como resulta. ¿Cómo lo ves?

JULIE: Eso suena mejor. Gracias, mamá.

En este caso, Julie no solamente se siente partícipe de la solución sino que además tiene un incentivo (evitar que la profesora tenga que firmar la hoja). Si esta madre es tan inteligente como parece, al cabo de las dos semanas señaladas recompensará el éxito de su hija alabándola o mediante algún otro medio que refuerce su autoestima.

De manera que, para evitar caer en la trampa de jugar a «arreglarlo», es importante que los niños aprendan de las consecuencias lógicas que se derivan de sus comportamientos siempre que sea posible. Dejarlos aprender de dichas consecuencias es apropiado cuando no está en juego su seguridad personal. Cuando resulte necesaria la intervención directa de los padres, el método de resolver problemas ayuda a moderar el comportamiento conflictivo, enseña a desarrollar el sentido de la adaptación y aumenta el sentido de la competencia, la independencia y la responsabilidad.

El método de resolver problemas ayuda a moderar el comportamiento conflictivo, enseña a desarrollar el sentido de la adaptación y aumenta el sentido de la competencia, la independencia y la responsabilidad.

Cosas para recordar

Juegas a «arreglarlo»

- Siempre que sea posible, los niños deben aprender de las consecuencias lógicas.
- Resolver los problemas de los niños fomenta el resentimiento y la dependencia.
- Cuando la seguridad del niño esté en juego o cuando se viola la intimidad de otra persona no se debe dejar que los niños aprendan de las consecuencia lógicas.
- Ayude a los niños a resolver sus problemas sólo cuando la situación requiera la intervención de los padres.

Autoprueba 5

1. Al apresurarse a «arreglar» problemas, los padres pueden:

   A. Estimular la dependencia.
   B. Aumentar la frustración.
   C. Promover el resentimiento.
   D. Incurrir en todos los anteriores.

2. ¿Cuál de las siguientes sería una consecuencia lógica de dejar los platos sucios en el fregadero después de la cena?

   A. No poder salir durante una semana.
   B. No tomar el desayuno hasta después de fregar.
   C. Perder los privilegios de ver la televisión.
   D. Irse a la cama una hora antes.

3. Dejar que un(a) niño(a) experimente las consecuencias lógicas de su conducta puede no ser adecuado cuando:

   A. Se violan los derechos de otras personas.
   B. Es muy tarde por la noche.
   C. Está en juego su seguridad.
   D. En el caso de C y D.

4. La resolución de problemas es una buena técnica cuando es necesario que los padres se involucren directamente. Las ventajas de este enfoque incluyen:

   A. Ahorra tiempo.
   B. Aumenta la cooperación y disminuye las luchas de poder.
   C. Es más sencillo.
   D. A Oprah le gustaría.

5. El primer paso es sentarse a hablar clara y serenamente de la situación que es preciso resolver. ¿Cuál de las siguientes frases expresa mejor el problema?

   A. «Te he dicho un millón de veces que no traigas amigos cuando no estamos en casa.»
   B. «Tu padre y yo nos preocupamos por lo que pudiera sucederte a ti o a la casa cuando salimos».

6. ¿Cuál de las siguientes afirmaciones es verdadera?

   A. Las alternativas para solucionar los problemas deberían ser enumeradas inicialmente sin hacer ningún comentario.
   B. Cada una de las alternativas debería juzgarse en el momento que se pronuncia.

Respuestas

1. Al apresurarse a «arreglar» problemas, los padres pueden:

   Respuesta D: Recuerde, el principal objetivo de los padres es enseñar a sus hijos a ser independientes y responsables.

2. ¿Cuál de las siguientes sería una consecuencia lógica de dejar los platos sucios en el fregadero después de la cena?

   Respuesta B: Esta acción enseña la consecuencia directa sin la intervención de los padres.

3. Dejar que un(a) niño(a) experimente las consecuencias lógicas de su conducta puede no ser adecuado cuando:

Respuesta D: Es preciso que los padres intervengan directamente cuando están en juego la seguridad de los hijos o los derechos de otras personas.

4. La resolución de problemas es una buena técnica cuando es necesario que los padres se involucren directamente. Las ventajas de este enfoque incluyen:

Respuesta B: Los niños deben aprender a resolver los problemas de un modo constructivo y no sentir que son los padres quienes imponen la solución. Como premio extra, Oprah seguramente aprobaría esta decisión.

5. El primer paso es sentarse a hablar clara y serenamente de la situación que es preciso resolver. ¿Cuál de las siguientes frases expresa mejor el problema?

Respuesta B: La segunda respuesta expone claramente el problema sin que los niños asuman una actitud defensiva.

6. ¿Cuál de las siguientes afirmaciones es verdadera?

Respuesta A: Todas las ideas y soluciones posibles deben ser expuestas sin que inicialmente se hagan comentarios sobre ellas.

ERROR 6

Nosotros contra ellos

L A MAYORÍA DE LAS FAMILIAS que acuden a mi consulta tienen algo en común: una clara sensación de que la familia se encuentra dividida por una línea artificial. Esta línea separa a los hijos y a los padres. Existe un profundo sentimiento de «nosotros contra ellos».

En cualquier familia, los padres tienen el poder de la relación. Este desequilibrio en relación con el poder tiende a favorecer el autoritarismo de los padres. En esta situación, los niños se sienten generalmente frustrados, se enfadan y tienen rencores, y estos sentimientos los conducen a la rebeldía y a una lucha por el poder.

Estas luchas toman diversas formas. Consideremos la situación de Brenda. Ella está divorciada desde hace dos años y está empezando una nueva relación; esto constituye un problema para su hija de siete años, Heather. Acostumbrada a ser el centro de atención, empieza a tener rabietas y a no colaborar con su madre cada vez que el novio de Brenda viene a cenar o cuando viene a buscarlas para salir a dar un paseo. Brenda le ha advertido que debe mejorar su comportamiento o de lo contrario empezará a perder sus privilegios. A pesar de sus advertencias, el problema persiste.

Los Johnson tenían un problema similar con su hijo de trece años, Jimmy. El señor Johnson viajaba mucho debido a su trabajo, y a menudo debía ausentarse de la ciudad por una o dos semanas. En cuanto regresaba, reprendía a

Jimmy por tener desordenada su habitación, por no haber cortado el césped o por dejar su ropa por toda la casa. Cuando acudieron a mi consulta, el señor Johnson y Jimmy estaban resentidos y enfadados, y casi no se hablaban durante las sesiones iniciales.

Para evitar este enfrentamiento, los padres adoptaron una actitud más cooperativa y comenzaron a trabajar en equipo para resolver los desacuerdos. Los niños que se sienten cómodos pidiendo a sus padres que les ayuden a resolver sus problemas crecen con una sensación de seguridad y sintiéndose más valorados que aquellos niños para quienes los padres son inaccesibles.

La reunión familiar

Uno de los recursos más efectivos que se pueden emplear para crear un ambiente más cooperativo es la *reunión familiar*. Esta reunión debe convocarse con regularidad con el fin de discutir y solucionar los asuntos comunes, incluyendo los deseos, sugerencias, problemas, logros, sentimientos o preguntas sobre cualquier tipo de temas.

Además de permitir que los miembros de una familia se ocupen de las preocupaciones comunes, tiene otras importantes ventajas. Una reunión programada da a cada individuo una sensación de control y poder y le permite sentirse escuchado y valorado. Desvanece las discordias porque se establecen reglas para que la familia funcione con la cooperación de todos los integrantes; cada persona tiene un cometido.

Uno de los recursos más efectivos que se pueden emplear para crear un ambiente más cooperativo es la *reunión familiar.*

Al programar una reunión se debe tener en cuenta lo siguiente:

1. La reunión se debe realizar a una hora determinada que será invariable; de este modo se ofrece una sensación de predictibilidad y consistencia. Los miembros de la familia cuentan con un espacio semanal para exponer sus preocupaciones. Las reuniones duran aproximadamente desde quince minutos a una hora.

2. La reunión debe ser un espacio en el que cada persona pueda hablar abiertamente, un lugar para «romper filas». Padres e hijos deben estar en igualdad de condiciones. No se debe desalentar la expresión de las emociones en tanto se haga de un modo adecuado (sin insultos, golpes, etc.). Cada persona debe saber que se escucharán sus problemas realmente, incluso aunque no se obtenga el resultado esperado.

3. En la reunión, cada miembro de la familia debe tener oportunidad para hablar. Algunas familias eligen cada semana una persona diferente para que se ocupe de guiar las conversaciones. Un niño puede beneficiarse de estar a cargo de una reunión aunque sea necesario que un adulto lo ayude, de este modo se sentirá valorado.

4. Como regla general, es mejor dejar que los niños hablen en primer lugar. Después de ocuparse de sus preocupaciones, los padres pueden comenzar a hablar de las suyas. A menudo es ventajoso que los padres destaquen el progreso sobre asuntos tratados en reuniones anteriores o que elogien particularmente las actitudes positivas manifestadas durante la semana antes de pasar a los temas conflictivos.

5. Los acuerdos de la reunión familiar se deben respetar hasta la siguiente reunión. Es indudable que pueden ser necesarios algunos cambios, pero sólo deben ser negociados en el contexto de la reunión. Frases como

«Sé que esto es importante para ti, Sally, ¿por qué no lo discutimos mañana durante la reunión?» o «Parece que será necesario modificar esa regla. ¿Por qué no lo expones el viernes en la reunión?» pueden evitar que surjan conflictos o altercados durante la semana.

6. Al negociar un acuerdo sobre un plan de acción, se debe intentar que todos los miembros de la familia lo acepten. Votar no es una buena idea porque genera competencia. Si no se logra un consenso, sugiero ocuparse de algún otro asunto y discutir ese tema en la siguiente reunión. Si aún no es posible estar todos de acuerdo, los hijos deberán aceptar que los padres tienen la decisión final.

Cuando se comienza a convocar las reuniones familiares, es posible que los niños no se muestren muy inclinados a hablar por no estar familiarizados con el proceso. Los padres no deberían preocuparse, sino simplemente alentarlos a hablar cuando estén preparados y sean capaces de comentar las observaciones de los padres, los elogios y las preocupaciones. Los niños se familiarizarán con la idea de la reunión familiar en un par de semanas.

A continuación expondré una reunión familiar que tuvo lugar en mi consulta hace algunos meses. Esta familia, los Stedham, consta de los padres, una hija de doce años, Tina, y un hijo de quince años llamado Martin. Han estado reuniéndose semanalmente durante algunos meses para negociar las tareas que corresponden a cada uno. Comienza la reunión:

TINA: Quiero hablar de las tareas de la casa. No me parece justo que yo tenga que aclarar los platos todas las noches y que Martin simplemente los coloque en el lavavajillas.

MARTIN:	Bueno, pero...
SR. STEDHAM:	Martin, deja que tu hermana termine de hablar. Luego podrás hablar tú.
TINA:	Lavar los platos supone más trabajo que meterlos en el lavavajillas. Eso no me deja tiempo suficiente para estudiar.
MARTIN:	Tina tiene razón. Cuando terminamos con los platos, prácticamente es hora de irse a dormir. Ustedes dos simplemente se sientan a conversar mientras nosotros trabajamos. No me parece justo.
SRA. STEDHAM:	Vamos a ocuparnos de una cosa por vez. Tina, piensas que lavar los platos supone más trabajo que guardarlos, ¿verdad?
TINA:	Así es.
SRA. STEDHAM:	Martin, ¿tendrías alguna objeción de alternar el trabajo cada noche?
SR. STEDHAM:	Pienso que va a resultar difícil saber qué es lo que le toca a cada uno cada noche. ¿No sería mejor hacer turnos de una semana?
TINA:	Me parece bien.
MARTIN:	También a mí, ¿pero que hay del problema del tiempo para estudiar y del hecho de que ustedes no nos ayuden?
SRA. STEDHAM:	Yo llego a casa antes que nadie y preparo la cena; nadie me ayuda a hacerlo.
SR. STEDHAM:	Tu madre tiene razón. Ella prepara la comida todos los días. Ustedes parecen necesitar más tiempo para estudiar. Os diré una cosa, os ayudaré entre semana a fregar y guardar los cacharros.
TINA Y MARTIN:	¡Muy bien!

Las reuniones familiares han sido siempre de gran ayuda al trabajar con familias que tienen conflictos. Los niños se sienten más involucrados en las decisiones porque se escucha y se valora sus opiniones. Disminuyen el resentimiento y la rebeldía porque disponen de un contexto donde pueden expresarse. Durante la semana, frases como «Ese puede ser un buen tema para tratar en la próxima reunión» ayudan a resolver un conflicto. Para decirlo brevemente, una reunión familiar es una situación beneficiosa para todos.

Trabajando en equipo

Cuando se educa a los niños fomentando la idea de equipo, se observan evidentes ventajas. Los niños que se sienten miembros valorados del «equipo familiar» cooperan de buen grado y ayudan a resolver los problemas.

Piensen como reaccionan las personas en sus lugares de trabajo. Las compañías que permiten a sus empleados implicarse en decisiones importantes son más eficientes. Por el contrario, si los empleados tienen que trabajar con un jefe dominante y que no los tiene en cuenta, se sienten ineficaces y desvalorizados. Una familia funciona del mismo modo.

> Los niños que se sienten miembros valorados del «equipo familiar» cooperan de buen grado y ayudan a resolver los problemas.

La señora Foster acudió a mi consulta con su hijo de doce años, Austin. La señora Foster era divorciada y asumía toda la responsabilidad de la educación de su hijo. Su ex marido no le pagaba el dinero acordado puntualmente y, por lo tanto, sus finanzas no eran muy buenas.

Austin había tenido algunos problemas en el colegio. Su madre, con la intención de ser una buena educadora, le reñía cuando se portaba mal. También discutían por el dinero. Austin le pedía un nuevo par de zapatos o alguna otra

cosa que su madre no podía pagar y no cesaba de presionar-
la para conseguir lo que quería. La madre se sentía furiosa
porque el padre del niño no le pasaba el dinero necesario, y
en esas ocasiones se desquitaba con su hijo. Sus peleas
aumentaban y este modelo destructivo se repetía una y otra
vez.

El secreto para ayudar a esta familia fue conseguir que
modificaran sus relaciones familiares. Ambos consideraban
que la señora Foster era una figura absoluta de autoridad y
que Austin era un muchacho desobediente y caprichoso.
Austin cada vez se sentía más frustrado y amargado, en
tanto que su madre se resentía porque él la desafiaba y
hacía su vida más difícil aún.

Las cosas comenzaron a cambiar cuando decidieron consi-
derarse un equipo. A medida que vieron lo dependientes que
eran el uno del otro, lograron deshacerse de sus respectivos
sentimientos negativos. La señora Foster explicó a su hijo
sus dificultades económicas y su frustración por no poder
darle todo lo que él quería. Austin se sintió agradecido porque su madre lo incluía en las decisiones importantes y se
mostró interesado en continuar con este proceso. Sus conversaciones fueron cada vez más positivas y se apoyaron
mutuamente.

Los padres *realmente tienen* la mayor parte del poder en
una familia. No es difícil utilizarlo para conseguir la sumi-
sión de los hijos. Sin embargo, ¿es nuestro objetivo final
lograr que nuestros hijos se sometan ciegamente a la autoridad? No lo creo. Esto sólo promueve el resentimiento y genera luchas de poder destructivas.

Es mucho más efectivo estimular la cooperación en equipo, ya que estimula la sensibilidad y enseña a los niños a
trabajar más eficazmente en combinación con otras personas y, como resultado, se sienten más competentes, fuertes y
valorados.

La familia Tindle descubrió las ventajas de trabajar en
equipo para solucionar problemas familiares cuando la
madre decidió volver a estudiar para licenciarse en contabi-

lidad. Había sido una ama de casa durante muchos años y comprendió que su decisión afectaría significativamente a su marido y a sus dos hijos.

Al tomar esa decisión, ella y su marido se reunieron con los niños para discutir las posibles consecuencias. Ella les comentó que se sentiría muy feliz si podía terminar su carrera. También aclaró que iba a pasar menos tiempo en casa y que la rutina doméstica se modificaría.

Dejó que sus niños hablaran de lo que sentían respecto a que su madre estuviera fuera de casa con frecuencia. Luego hablaron de los cambios que los niños experimentarían al llegar a casa. La madre les pidió que le ayudaran con tareas específicas como la colada y la cena. Finalmente, les agradeció su ayuda para que ella volviera a estudiar, destacando que apreciaba su compromiso y su esfuerzo. En una palabra, los incluyó en el proceso y les ayudó a sentirse parte importante del «equipo familiar».

Discutir de forma improvisada temas importantes a medida que surgen es también muy efectivo y fomenta una mayor cohesión familiar.

Los Tindle ilustran también otro punto importante. Aunque resulta ideal tener reuniones familiares regulares, también son muy ventajosas las reuniones menos formales cuyo objetivo es fomentar el trabajo en equipo. Discutir de forma improvisada temas importantes a medida que surgen es también muy efectivo y fomenta una mayor cohesión familiar.

Trabajo en equipo para superar la rivalidad entre hermanos

Una de las preguntas más frecuentes que me formulan los padres se refiere a cómo tratar la rivalidad entre hermanos. Las riñas entre hermanos son algo bastante natural. Sin embargo, se presentan problemas cuando los niños tienen necesidades diferentes que requieren la intervención individualizada de los padres o cuando la competencia entre los hermanos es muy fuerte. Una vez más, un trabajo en equipo puede resultar muy efectivo.

Los Newsome tienen dos hijos. Mark, de catorce años, es muy buen alumno. Trey, de nueve años, tiene dificultad para entender lo que lee. La madre, naturalmente preocupada y confusa, me comentó en la primera sesión que Mark se quejaba de lo que sus padres comentaban de sus notas. Las notas de Trey son más bajas, y francamente los padres se sienten satisfechos si aprueba el curso, pero los padres esperan que Mark, que no tiene las dificultades de lectura de Trey, consiga mejores notas; el niño siente que eso no es justo.

Les sugerí a los padres que le explicaran a Mark las dificultades de Trey. Ellos no dijeron que algo «iba mal» con su hijo menor, sólo mencionaron que le resultaba más difícil estudiar. Le comunicaron a Mark que necesitaban su ayuda para que Trey no se sintiera inferior y para que estuviera satisfecho con sus notas al dar lo mejor de sí mismo.

Al verse incluido en la solución del problema, Mark se sintió un miembro valorado de la familia que tenía algo que aportar para resolver el problema de su hermano; desapareció su sensación de estar sufriendo una injusticia e incluso ayudó a Trey con sus tareas.

Es indudable que crear un ambiente de cooperación y trabajo en equipo supone más reflexión y esfuerzo. Sin embargo, la recompensa merece la pena. Los padres se sorprenderán por el cambio de actitud y la cooperación de sus hijos si estimulan esta dinámica familiar.

Cosas para recordar

Nosotros contra ellos

- Un modelo de «padres contra hijos» promueve las luchas de poder y el resentimiento.
- Las reuniones familiares facilitan una educación de los hijos más efectiva y cooperativa.
- Las reuniones familiares incluyen los siguiente puntos:
  Deben celebrarse de forma regular y a una hora determinada.
  Se debe estimular la comunicación abierta.
  Todos deben tener la oportunidad de hablar.
  Los niños generalmente deberían hablar en primer lugar.
  Los acuerdos alcanzados en una reunión familiar no se vuelven a negociar hasta la siguiente reunión.
  Se debe intentar llegar a un consenso sobre un asunto determinado, pero los padres deben tener la última palabra.

Autoprueba 6

1. En la mayoría de las familias, ¿quién tiene el poder de las relaciones?

   A. Los hijos.
   B. Los padres.
   C. Los abuelos.
   D. Las mascotas familiares.

2. La cooperación fomenta los sentimientos de:
   A. Valor y confianza.
   B. Culpa y vergüenza.
   C. Náusea y congestión.
   D. Todos los anteriores.

3. Una reunión familiar debe:

   A. Durar como mínimo una hora.
   B. Celebrarse durante el fin de semana.
   C. Programarse regularmente.
   D. Celebrarse sólo cuando surgen problemas.

4. En una reunión familiar, ¿quién debe hablar en primer lugar?

   A. Los mayores.
   B. Los padres.
   C. Los hijos.
   D. Quien tenga la preocupación más apremiante.

5. En una reunión familiar la expresión de las emociones debe ser:

   A. Alentada.
   B. Desalentada.

6. Los acuerdos alcanzados en una reunión familiar se deben:

   A. Volver a negociar cuando surjan.
   B. Respetar hasta la siguiente reunión.
   C. Comentar en un programa de radio al que llaman los oyentes.

7. La reunión familiar debería permitir que cada miembro sea escuchado. Las decisiones finales están a cargo de:

   A. Los padres.
   B. Una votación.
   C. Un consenso entre todos los miembros de la familia.
   D. A o C.

Respuestas

1. En la mayoría de las familias, ¿quién tiene el poder de las relaciones?

   Respuesta B: los padres son mayores, más fuertes, tienen más experiencia y controlan el dinero.

2. La cooperación fomenta los sentimientos de:

   Respuesta A: Los niños sienten que sus opiniones y sentimientos son realmente escuchados y que tienen incidencia en las relaciones familiares.

3. Una reunión familiar debe:

   Respuesta C: Aunque las reuniones sean cortas, supone grandes beneficios saber que se celebrarán regularmente.

4. En una reunión familiar, ¿quién debe hablar en primer lugar?

   Respuesta C: Los niños deberían hablar en primer lugar para que puedan expresar sus preocupaciones y emociones sin ser intimidados por los comentarios previos de sus padres.

5. En una reunión familiar la expresión de las emociones debe ser:

   Respuesta A: Una reunión familiar debe ser un espacio seguro para expresar las emociones.

6. Los acuerdos alcanzados en una reunión familiar se deben:

   Respuesta B: Es posible que sea necesario modificar los acuerdos, pero deben respetarse hasta la siguiente reunión para evitar conflictos durante la semana.

7. La reunión familiar debería permitir que cada miembro sea escuchado. Las decisiones finales están a cargo de:

   Respuesta D: La familia debería intentar llegar a acuerdos por consenso; en caso de ser imposible, los padres tendrán la última palabra.

Imponer una «disciplina destructiva»

*

E N TODAS LAS FAMILIAS, los padres se encuentran ante una situación que requiere disciplina. Como sucede con otras trampas comunes que se presentan durante la educación de los hijos, si los padres no tienen un plan de acción, pueden incurrir en equivocaciones innecesarias. Estos errores pueden lograr que el intento por establecer la disciplina sea menos efectivo y merme la autoestima de los niños.

Imponga disciplina cuando no esté enfadado(a)

Uno de los errores más destructivos es el de imponer disciplina cuando se está enfadado. Tomemos el caso de Jenny y su madre, que se ha divorciado recientemente y ha tenido que volver a trabajar. Ella espera que Jenny la ayude con alguna de las tareas domésticas cuando vuelve del colegio. Jenny aceptó ayudarla, pero, sin embargo, a menudo la encuentra hablando por teléfono y sin haber realizado sus tareas.

La madre de Jenny, agotada por el trabajo y el tráfico, suele enfadarse y finalmente terminan las dos gritando. Cuando acudieron a mi consulta, ambas estaban enfadadas y resentidas y se sentaron en los extremos opuestos del sofá.

El problema entre ambas parecía deberse a una incapacidad para escoger el momento oportuno. Antes de llegar a casa, la madre de Jenny ya se imaginaba que las tareas que le había encomendado no estarían hechas. Como consecuencia, antes de atravesar el umbral ya estaba enfadada. Al encontrar las tareas sin hacer, explotaba de inmediato, haciendo que Jenny se pusiera a la defensiva y se enfadara a su vez.

Como alternativa a este modelo destructivo, sugerí a la madre que asumiera que las tareas no estarían finalizadas al llegar a casa al día siguiente. Si lograba aceptar el hecho, podría evitar la ira que la invadía y la consecuente confrontación con su hija. Le aconsejé que planteara el problema en otro momento cuando ambas estuvieran serenas y no adoptaran actitudes defensivas. Ella estuvo de acuerdo y se ocupó del problema durante el fin de semana.

MADRE: Jenny, tenemos que hablar de tus tareas. En primer lugar, quiero que comprendas que no deseo perder el control cada vez que llego a casa porque tú no has hecho lo que te correspondía. Me hace sentir mal enfadarme, e imagino que tampoco a ti te sienta bien que lo haga.

JENNY: Te enfadas mucho. Sé que trabajas todo el día y necesitas que te ayude. *Yo quiero* hacerlo, pero voy al colegio todo el día y necesito también un tiempo para mí. Mis amigas llaman por teléfono y simplemente se me pasa el tiempo. Antes de darme cuenta, tú estás entrando por la puerta y gritándome.

MADRE: Supongo que no he pensado demasiado en que tú también necesitas desconectar. Veamos... ¿Qué te parece si simplemente te ocupas de sacar algo del congelador para cenar y poner la lavadora? Luego puedes hacer lo que te plazca. Cuando llegue a casa, podremos cenar juntas y luego terminar con la colada. ¿Cómo lo ves?

JENNY: ¿Y qué hay de las demás tareas?

MADRE: Podemos dejarlas para el sábado por la mañana. Podemos hacerlas más rápidamente si trabajamos juntas. ¿De acuerdo?

JENNY: ¡Me parece estupendo, mamá!

Imponga disciplina en el momento correcto

Existen varios factores importantes que pueden determinar si la disciplina es destructiva o constructiva. Como nos indica el caso de Jenny y su madre, el primero de ellos es el sentido de la oportunidad. Ser oportuno es importante porque muchos aspectos que requieren disciplina nos hacen enfadar. Cuando los temperamentos se acaloran, las personas involucradas en la discusión levantan sus «corazas psicológicas» y pasan más tiempo defendiéndose y contraatacando que intentando resolver el conflicto.

Si se trata el problema cuando las emociones son menos intensas, es mucho más probable que se consiga un resultado positivo. Al postergar el problema de las tareas hasta el fin de semana cuando ya no era un asunto urgente, Jenny y su madre pudieron escucharse y resolver sus preocupaciones. Les resultó más fácil encontrar una solución práctica.

> Cuando los temperamentos se acaloran, las personas involucradas en la discusión levantan sus «corazas psicológicas» y pasan más tiempo defendiéndose y contraatacando que intentando resolver el conflicto.

Aunque a menudo es mejor afrontar una conducta negativa lo antes posible, no siempre es factible hacerlo. Pero resulta perfectamente aceptable decir: «En este momento estoy muy enfadado(a), quiero calmarme y pensar sobre esto; hablaremos otra vez esta noche».

Ann, la madre de un niño de catorce años, me comentaba que su hijo le replicaba cada vez que intentaba disciplinarlo o corregirlo. Después de un par de sesiones, el problema se hizo evidente: Ann intentaba corregirlo frente a sus amigos. El chico tenía catorce años y sus amigos eran muy importantes para él; quería que vinieran a casa a compartir con él los videojuegos o a pasar la noche con mayor frecuencia que cuando era más pequeño, algo absolutamente natural para un chico de su edad.

El problema residía en que si Ann encontraba su ropa en el suelo o alguna tarea encomendada sin hacer, de inmediato corría a reprenderlo y el chico, para no quedar mal frente a sus amigos, discutía con ella o hacía algún comentario por lo bajo, que a menudo sus compañeros festejaban.

El problema se solucionó cuando Ann aprendió a esperar el momento adecuado para hablar con su hijo. Desde entonces esperaba que sus amigos se marcharan antes de discutir el problema y descubrió que el chico ya no se mostraba displicente y por el contrario, mucho más cooperativo. Ann había aprendido a ser oportuna.

Evite los insultos

Intentar disciplinar a su hijo cuando está enfadado(a) tiene otras desventajas potenciales. Además de bloquear la comunicación y desencadenar un conflicto, puede causar que los padres digan cosas que no sienten de verdad. El daño infligido por una frase hiriente pronunciada en un ataque de cólera, puede tardar mucho tiempo en ser reparado.

Es natural hablar demasiado al sentirse enfadado o frustrado, pero ello puede tener consecuencias muy negativas para nuestros hijos. La familia Duffy aprendió esta lección del modo más difícil.

Patrick, de once años, se peleaba constantemente con su hermana de ocho que acudía a su padre a sabiendas para que éste la defendiera. El señor Duffy, molesto por la frecuencia con que los niños lo interrumpían, terminaba irrumpiendo en el salón y gritándole a Patrick. Decía cosas como:

«¿Qué pasa contigo, chico? Deberías hacer otra cosa que provocar a tu hermana. Te he dicho un millón de veces que la dejes tranquila. ¿Acaso eres tonto?»

Las observaciones del padre retornaron un par de años más tarde cuando las notas de Patrick comenzaron a empeorar. Cuando su padre le pidió explicaciones, Patrick contestó: «Siempre me has dicho que era un tonto, ¿de qué te sorprendes ahora?».

Los comentarios del señor Duffy probablemente tenían poco que ver con las malas notas de Patrick. Sin embargo, el muchacho le indicó que estaba sufriendo aún la etiqueta que su padre le había colocado. Cuando los niños escuchan comentarios negativos repetidas veces, comienzan a creer que son verdaderos.

Ya no me sorprendo por el número de adultos que acuden a mi consulta y que aún conservan las etiquetas que sus padres le colocaron cuando eran pequeños. Incluso muchos años más tarde, los adultos siguen afectados por palabras como estúpido, gorda, feo o perezosa. En el fondo, conservan estas etiquetas negativas sin saber conscientemente de dónde provienen.

Imponga castigos que se puedan cumplir

Cuando los padres están enfadados, es más probable que impongan castigos que son difíciles de cumplir. Tengo como pacientes a varios niños que se ríen de los castigos impuestos por sus padres porque saben que ellos no los mantendrán. Jessica es un buen ejemplo.

La madre de Jessica apreciaba enormemente los buenos resultados en los estudios. Sólo le parecían aceptables los sobresalientes. Frecuentemente surgían problemas porque Jessica sacaba sobresalientes y notables. La primera vez que sacó un notable, su madre su puso furiosa y la castigó sin salir durante seis semanas. Jessica nunca se tomó en serio dicha restricción, porque sabía que su madre finalmente acabaría por no llevar a cabo su promesa. Su madre haría numerosas excepciones, como, por ejemplo, con las clases de danza, las funciones de teatro en la escuela y otros acontecimientos similares, y finalmente abandonaría su cometido... hasta las siguientes seis semanas.

Obviamente, no estoy de acuerdo con castigar a un niño sin salir sólo porque trae un notable a casa. Sin embargo, si la madre realmente pensaba que era necesario castigarla, debería haber encontrado un castigo más corto y más fácil de acatar y que no fuera interrumpido por situaciones excepcionales. A la madre de Jessica le resultaba difícil imponer un castigo más efectivo porque siempre lo hacía cuando estaba furiosa por las notas de Jessica. Hubiera sido mucho mejor calmarse y considerar la situación cuando se le pasara el enfado.

Ofrecer alternativas

Un factor importante a la hora de imponer disciplina es el de ofrecer alternativas. Este enfoque aumenta la sensación de control del niño y disminuye la necesidad de responder con rebeldía. Si uno de los padres ofrece una alternativa de comportamiento y luego se desentiende de la situación, el hijo con frecuencia elige la mejor alternativa.

Esta típica situación entre Mike y su hijo David de dieciséis años, nos ofrece un buen ejemplo de cómo utilizar el sentido de la oportunidad y las alternativas. David debía volver a casa los sábados como máximo a las doce de la noche y una vez más llegaba tarde. Mike lo esperaba levantado pero decidido a intentar una nueva estrategia. En el pasado, lo esperaba junto a la puerta, sintiéndose cada vez más enfadado. David, anticipándose a la situación de violencia que le esperaba en casa, a medida que se acercaba se sentía cada vez más ansioso. Nada más abrir la puerta, él y su padre comenzaban a gritarse mutuamente.

Sin embargo, esta vez, Mike decidió abordar la situación de un modo diferente. Cuando David llegó, Mike simplemente miró su reloj y sin decir palabra subió a acostarse. A la mañana siguiente, cuando las emociones se habían enfriado, Mike le dijo a David que tendría que elegir entre llegar a la hora señalada o quedarse en casa el sábado siguiente. Su comportamiento determinaría su elección.

Un factor importante a la hora de imponer disciplina es ofrecer alternativas. Este enfoque aumenta la sensación de control del niño y disminuye la necesidad de responder con rebeldía.

El problema, finalmente, se resolvió y las luchas del sábado a la noche se convirtieron en algo pasado. David sentía que era capaz de controlarse, y Mike era más condescendiente con la hora.

Utilice la disciplina para enseñar

Ningún padre desea particularmente disciplinar a un hijo. Como hemos visto, imponer una disciplina cuando se está enfadado o en un momento inoportuno, o establecer un castigo demasiado duro puede ofrecer resultados negativos. Sin embargo, utilizada correctamente, la disciplina puede ayudar a que nuestros hijos obtengan una lección sobre su comportamiento. El objetivo más importante en la educación de los hijos no es necesariamente que acaten de inmediato nuestros deseos (aunque esto no estaría mal), sino enseñarles a ser adultos independientes, responsables y felices.

Como nuestro objetivo es enseñarles a desempeñarse eficazmente en el mundo, la disciplina se debería estructurar para que nuestros hijos aprendan de su propio comportamiento. Por ejemplo, Amanda, de dieciséis años, con frecuencia pide el coche a sus padres. Sus padres generalmente no tienen problemas en prestárselo, pero les molesta que no reponga la gasolina que ha consumido. Su actitud supone un inconveniente para ellos, ya que tienen que cargar gasolina por la mañana camino del trabajo y debido a esto se les hace tarde.

Después de discutir el problema, los padres decidieron que si Amanda devolvía el coche sin haber repuesto la gasolina, le prohibirían utilizarlo durante dos días. Comentaron su plan con Amanda quien a la siguiente ocasión volvió a olvidarse de echar gasolina. Sus padres, manteniendo su palabra, le prohibieron usar el coche durante dos días. Poco después, Amanda ya no se olvidaba de echar gasolina.

Los padres de Amanda lograron dos cosas. Primero, modificaron la conducta de Amanda a fin de no llegar tarde a su trabajo. Le enseñaron una lección valiosa: si no le pones gasolina al coche, no funciona.

Finalmente, cuando sea necesario imponer disciplina, es preciso recordar que el objetivo es cambiar ciertas conductas, y no probar cuál de las dos partes tiene razón. Al utilizar este enfoque constructivo es más probable que se modifiquen los comportamientos, que se eviten los conflictos innecesarios y

> Cuando sea necesario imponer disciplina, es preciso recordar que el objetivo es cambiar ciertas conductas, y no probar cuál de las dos partes tiene razón.

Cosas para recordar

Imponer una «disciplina destructiva»

- No se debe imponer disciplina cuando se está enfadado.
- Se debe instaurar la disciplina en el momento oportuno.
- Se debe hacer cumplir los castigos adecuados.
- Ofrecer una alternativa a los hijos les ayuda a sentirse competentes y mantener el control sobre sí mismos.
- Se debe emplear la disciplina para enseñar.
- El objetivo de la disciplina no es demostrar quién está equivocado. Esto promueve las luchas de poder y la sensación de vergüenza en los niños.
- El objetivo de la disciplina es modificar un comportamiento conflictivo.

que nuestros niños aprendan lecciones importantes sobre la vida.

Cuando sea necesario imponer disciplina, es preciso recordar que el objetivo es cambiar ciertas conductas y no probar cuál de las dos partes tiene razón.

Autoprueba 7

1. No se debe intentar disciplinar a un niño ....

   A. Cuando se está enfadado.
   B. Cuando al niño no le gustaría.
   C. Durante *Oprah*.

2. Imponer disciplina cuando las «corazas psicológicas» no están levantadas implica tener:

   A. Confianza en sí mismo.
   B. Sentido de la oportunidad.
   C. Honradez.
   D. Confianza.

3. El sentido de control de los niños aumenta en tanto que su necesidad de rebelarse disminuye cuando se le ofrecen ....

   A. Consejos.
   B. Elogios.
   C. Alternativas.
   D. Regalos.

4. El objetivo de la disciplina constructiva es:

   A. Establecer claramente quién tiene razón.
   B. Modificar un comportamiento conflictivo.
   C. Determinar claramente quién está equivocado.
   D. Las respuestas A y C.

5. Si se la aplica correctamente, la disciplina:

   A. Asustará a sus hijos para que se comporten adecuada-
   mente.
   B. Probará que usted, como padre es más sabio.
   C. Enseñará una lección.

Respuestas

1. No se debe intentar disciplinar a un niño ....

   Respuesta A: Intentar disciplinar a los hijos cuando se está
   enfadado generalmente hiere los sentimientos, ofrece
   malas alternativas y empeora la situación.

2. Imponer disciplina cuando las «corazas psicológicas» no
   están levantadas implica:

   Respuesta B: El sentido de la oportunidad es importante
   para intentar comprender la situación en vez de simplemente estar a la defensiva.

3. El sentido de control de los niños aumenta en tanto que su
   necesidad de rebelarse disminuye cuando se le ofrecen
   ....

   Respuesta C: Ofrecer alternativas a los hijos los fortalece y
   les ayuda a confiar en sí mismos.

4. El objetivo de la disciplina constructiva es:

   Respuesta B: El objetivo de cualquier tipo de disciplina es
   modificar un comportamiento conflictivo.

5. Si se la aplica correctamente, la disciplina:

   Respuesta C: Los niños deberían aprender de las consecuencias de sus actos.

«Haz lo que yo digo, pero no lo que yo hago»

E N OTRA PARTE DE ESTE LIBRO relaté cómo mi hija Lindsey aprendió a hacer su cama a los cuatro años. Lo hizo muy bien, y nunca olvidé elogiarla periódicamente por sus esfuerzos. Más tarde, hacer la cama fue una de las tareas necesarias para obtener su asignación económica. Todo iba bien en el departamento de hacer las camas. O eso es lo que yo pensaba.

Cuando Lindsey tenía unos siete años, advertí que hacía la cama con mucho menos dedicación. Cuando le hice notar el cambio, Lindsey me miró y dijo: «Pero, papá, tú nunca haces tu cama». Me sorprendió su respuesta, pero tenía toda la razón. Durante los últimos meses me había estado levantando más temprano para trabajar y no hacía la cama. Los maravillosos efectos de todos los reiterados consejos paternos no tenían valor porque simplemente no le estaba dando el ejemplo.

No es sorprendente que tan pronto como comencé a hacer mi cama otra vez, Lindsey volvió a hacer la suya. Me había olvidado de practicar uno de los recursos más básicos de los padres: dar el ejemplo.

Los padres esperan que los hijos los admiren, amen y respeten. Si no logran despertar ese respeto, no deberían sorprenderse cuando los hijos sigan su ejemplo.

Si nuestro comportamiento tiene profundas consecuencias sobre nuestros hijos, entonces nos corresponde mostrarles los comportamientos que se espera de ellos. Si usted normalmente maldice por el tráfico, no se sorprenda si sus hijos dicen tacos cuando se les rompe un juguete. Si miente a alguien en una conversación telefónica para evitar un compromiso no deseado con un amigo, no se sorprenda si sus hijos mienten cuando rompen un jarrón. Si usted fuma o bebe y dice a sus hijos que no lo hagan, ¿cuál cree que será el resultado?

Inversamente, podemos producir un impacto verdaderamente positivo en la vida de nuestros hijos cuando nos comportamos de forma que ellos puedan imitarnos. Nuestras ideas y valores básicos, todas aquellas cosas que conforman nuestro carácter, se transmiten a nuestros hijos a través de nuestros actos cotidianos. Lo que hacemos tiene más incidencia que lo que decimos. Los niños parecen saber instintivamente que los actos dicen más de una persona que sus palabras. Ellos buscan constantemente las discrepancias entre lo que se dice y lo que se hace. Si se detiene a pensarlo, verá que muchas de las preguntas que ellos formulan provienen de su confusión sobre lo que se les ha enseñado y lo que ellos han visto.

Cierta vez un padre me comentó un incidente ocurrido mientras escuchaba a su hija, Stephanie, hablando con su primo, un poco más pequeño que ella. Aparentemente estaban cazando cochinillas y jugando con ellas. Stephanie advertía a su primo que jugara con cuidado para no herir a los insectos. Más tarde, su padre le preguntó en broma dónde había aprendido a ser tan sensible a las necesidades de una cochinilla. Ella lo miró como si él estuviera loco y le contestó: «De ti. Siempre dejabas libres a las mariposas después de que las atrapábamos». El padre se quedó perplejo. La niña había desarrollado una extrema sensibilidad respecto de las necesidades de los otros observándo-

> Nuestras ideas y valores básicos, todas aquellas cosas que conforman nuestro carácter, se transmiten a nuestros hijos a través de nuestros actos cotidianos. Lo que hacemos tiene más incidencia que lo que decimos.

lo hacer algo que a él le había pasado inadvertido. Ella le ayudó a tomar conciencia de que los padres están constantemente enseñando a sus hijos, para bien o para mal.

Esta lección es verdaderamente importante. Al aplicar los principios ilustrados en este libro, los padres no sólo practican técnicas para lograr que sus hijos se comporten mejor, sino que también les están enseñando valiosas lecciones sobre la vida y el carácter. Si se educa a un niño en un ambiente de cooperación, él o ella aprenderán a ser más solidarios con los demás. Si un niño ve que sus padres respetan los deseos y sentimientos de los otros, es muy probable que haga lo mismo. Si se han escuchado y valorado las opiniones de un adolescente, es mucho más probable que él o ella presten atención a lo que sus padres les dicen.

Tomemos el caso de Denise, de quince años. Sus padres se divorciaron cuando era pequeña, y ella vivía con su madre, que trabajaba de secretaria. Acudieron a mi consulta porque la madre se quejaba de que la niña era ingobernable y respondona. Según ella, Denise no se ocupaba de sus tareas, salía con amigos que ella desaprobaba y jamás respetaba la hora concertada para regresar a casa.

Después de que la madre expusiera sus razones, hablé con Denise a solas. Parecía una jovencita resentida que estaba a la defensiva. Recordó con enfado que su madre rara vez había encontrado tiempo para atenderla. Ella salía regularmente por las noches, y Denise tenía la impresión que sus salidas eran más importantes que estar con ella. Su actitud era: «¿Por qué tengo que escucharla? Siempre ha pensado que sus citas y sus amigos eran más importantes que yo».

Resultó que las percepciones de Denise eran bastante justificadas. Su madre siempre había tenido una vida social activa y cuando estaba en casa pasaba gran parte de su tiempo hablando por teléfono para concertar una próxima salida o simplemente chismorreando con sus amigas. Su comportamiento había transmitido un mensaje muy claro a su hija. Inconscientemente le había comunicado que sus necesidades no eran demasiado importantes. Ahora que era mayor, Denise respondía con su propio mensaje. Imitando la conducta de su madre, le estaba diciendo: «Mis amigos y mis deseos son más importantes que tú».

El impacto de los medios de comunicación

En mi consulta, los padres también me preguntan sobre la posible influencia negativa que de diversas maneras ejercen los medios de comunicación sobre los niños. Comprensiblemente están preocupados sobre el sexo y la violencia que se muestra en televisión y en las películas. También se preguntan si las letras de las canciones populares pueden incitar a sus niños, a ser violentos o a hacer uso de las drogas y el alcohol.

Estas preocupaciones de los padres han sido el tema de varios volúmenes de investigación. La preponderancia de esta investigación sugiere que en efecto los medios de comunicación inciden en la conducta de niños, y adolescentes. Cuando se hacen mayores y comienzan a buscar sus propias identidades y sistemas de valores, los niños y en especial los adolescentes, buscan información en fuentes exteriores que incluyen a sus compañeros y a los medios de comunicación. Desgraciadamente, pueden incorporar algunos valores y comportamientos negativos.

Sin embargo, no todo son malas noticias. A falta de otros problemas vitales más importantes, la mayoría de los adolescentes jugarán con otros valores, ideas y comportamientos, pero finalmente retornarán a aquellos valores con los que han sido educados. Si los padres les han enseñado activamente valores sólidos, por medio de hechos y palabras, ellos terminarán por adoptar las mismas ideas cuando sean jóvenes adultos.

A nivel práctico, los padres desean saber qué pueden hacer con dichas influencias de los medios. ¿Acaso prohibirles que vean televisión? ¿Dejarlos escuchar sólo cierto tipo de música?

Creo definitivamente que los niños deberían ser protegidos de toda aquella información que no sea adecuada para su edad. Un niño de cinco años no debería ver el contenido sexual y violento de una película. Sin embargo, los niños, y en especial los adolescentes, deberían ver todo lo que sea apropiado para su edad, aunque sea objetable, siempre que sus padres los apoyen y guíen.

Como padres, no deberíamos únicamente proteger a nuestros hijos de las influencias negativas, sino ayudarles a desarrollar valores que les permitan afrontar los diferentes desafíos que propone la vida. Debemos enseñar a nuestros hijos estrategias para evaluar y manejar diversas situaciones e ideas, ya que no siempre estarán los padres para protegerlos de contenidos potencialmente objetables. Los padres que prohíben ver determinada información a sus hijos sin ofrecerles la capacidad de valorarla, no sabrán cómo resolver la situación cuando los niños vean en casa de sus amigos lo que no se les permite ver en casa. ¿No es preferible que el niño vea lo que no es aconsejable y que luego lo hable con usted cuando regresa a casa?

Tal como hemos dicho en un capítulo anterior, la clave es alimentar una relación con los hijos que permita una comunicación abierta sobre los temas que despiertan preocupación. Esta capacidad para comunicarse le permitirá guiarlo y transmitirle los valores que le serán útiles en su vida futura.

Una situación común a muchos de mis clientes ilustrará lo que quiero decir.

Los padres de Brent están preocupados por las constantes luchas de poder que sostienen con su hijo de quince años. No aprueban a sus amigos y temen que la música que escuchan los empujen a las drogas, al sexo o a desacatar la ley.

Es comprensible que Brent se oponga firmemente a los intentos de sus padres por controlar su vida. Él se queja de

> **A** falta de otros problemas más importantes, la mayoría de los adolescentes jugarán con otros valores, ideas y comportamientos, pero finalmente retornarán a aquellos valores con los que han sido educados.

que no se fían de él, que quieren elegir sus amigos y que esperan que él escuche la música que ellos quieren.

La situación se tornó crítica cuando sus padres intentaron confiscar unos CD que encontraron en su habitación porque las letras aludían claramente al sexo. Los padres de Brent habían logrado que la situación se convirtiera en un conflicto donde imperaban el resentimiento y las luchas de poder. Al intentar apropiarse del CD de su hijo, dieron lugar al enfrentamiento. Los temas más importantes en la comunicación de los padres y los hijos —el sexo, las drogas y los valores— habían sido ensombrecidos por una lucha sobre los derechos de las partes.

Bajo mi sugerencia, los padres de Brent aceptaron de mala gana que su hijo escuchara la música que más le gustara. También estuvieron de acuerdo en hablar con él del sexo, las drogas y los valores. La conversación no debería incluir los amigos de Brent ni la música que escuchaban, debían simplemente hablar de forma general de los valores y sus alternativas.

Al cabo de unas pocas semanas, Brent dejó de escuchar la música que antes escuchaba y admitió que en verdad nunca le había gustado, pero sentía que tenía el derecho de hacerlo y estaba dispuesto a enfrentarse a sus padres para hacer valer sus derechos. Unas semanas más tarde, los padres de Brent vinieron a verme sorprendidos por una reciente discusión que Brent había propiciado. Les había pedido consejo porque un amigo le había ofrecido drogas en el colegio.

Al cambiar de táctica, los padres de Brent habían modificado diversos comportamientos esenciales. Le habían mostrado que estaban interesados en ayudarle y confiaban en que él tomaría las decisiones oportunas. También modificaron sus temores acerca del bienestar de su hijo y se mostraron abiertos para discutir cualquier problema que se presentara.

Los niños pueden buscar modelos en las estrellas del deporte, músicos, maestros o incluso en sus amigos. La televisión y las películas les muestran diferentes valores y alternativas, pero sin duda la influencia más poderosa para el desarrollo de los valores del niño y de su propio ser son las acciones de sus padres.

Los actos son más elocuentes que las palabras

Los padres transmiten diariamente mensajes a sus hijos sobre los valores morales. A pesar de lo que diga usted a su hijo(a), sus actos tendrán el impacto más duradero. Si le dice a su hijo(a) que no beba y, sin embargo, usted bebe demasiado el viernes por la noche, su hijo(a) recibe este mensaje. Si sobrepasa usted el límite de velocidad con frecuencia o defrauda a Hacienda, su hijo(a) recibirá una lección de moral que es mucho más elocuente que lo que usted pueda decir.

Transmitimos a nuestros hijos el modo en que tratamos a los demás. Vince es el padre de Ron, de dieciséis años. Vince tiene un trabajo que le exige un gran esfuerzo y a menudo está estresado. Cuando llega a casa, está irritable y suele contestar bruscamente a su mujer cuando las cosas no van bien en el hogar. ¡Cuando acudió a mi consulta parecía sorprendido de que su hijo se mostrara insolente con él!

Cosas para recordar

«Haz lo que yo digo, pero no lo que yo hago»

- Predicar con el ejemplo es la mejor forma de modificar el comportamiento de los hijos.
- Lo que los padres hacen tiene más impacto sobre los hijos que lo que dicen.
- Los padres pueden modelar las conductas positivas y negativas de sus hijos.
- Los niños y los adolescentes pueden estar influenciados por sus compañeros y por los medios de comunicación, pero generalmente adoptan los valores y comportamientos que les han transmitido sus padres.

Cuando tratamos generosa y amablemente a los demás mostramos a nuestros hijos el valor que otorgamos a nuestras relaciones; pero si nos comportamos egoístamente o con mezquindad, les enseñaremos una lección más destructiva. Si decimos mentiras piadosas para escaparnos de un compromiso no deseado o pedimos a los niños que digan a quien llama por teléfono que no estamos en casa porque no queremos hablar con nadie, estamos dando luz verde a que ellos actúen de la misma forma cuando tengan que escoger entre ser honestos o deshonestos.

> Los padres debemos ser muy conscientes de los mensajes que transmitimos a nuestros hijos a través de nuestros actos.

Los padres debemos ser muy conscientes de los mensajes que transmitimos a nuestros hijos a través de nuestros actos. Los valores que comunicamos hoy serán las acciones que nuestros niños realizarán en el futuro.

De modo que, si el empleado de la tienda le devuelve más dinero que el que le corresponde, ¿qué hará usted?

Autoprueba 8

1. .... significa mostrar ejemplos de conducta positiva a los hijos.

   A. Dar conferencias.
   B. Dar consejos.
   C. Dar el ejemplo.
   D. Todos los anteriores.

2. ¿Qué tiene más incidencia sobre el comportamiento de los hijos?

   A. Lo que dicen los padres.
   B. Lo que hacen los padres.

C. Los medios de comunicación.
D. Lo que dice el señor Rogers.

3. ¿Influyen los medios de comunicación el comportamiento de nuestros hijos?

A. Sí.
B. No.
C. Sólo *Barrio Sésamo*.

4. ¿Qué es lo que más influye en los niños a largo plazo?

A. Los comportamientos y valores de los padres.
B. Los valores y conductas aprendidos de sus compañeros.
C. Los valores y comportamientos que ven en los medios de comunicación.

Respuestas

1. .... significa mostrar ejemplos de conducta positiva a los hijos.

   Respuesta C: Dar el ejemplo a los hijos les transmite el mensaje de «Haz lo que yo hago».

2. ¿Qué tiene más incidencia sobre el comportamiento de los hijos?

   Respuesta B: Cada una de estas respuestas tiene un impacto sobre el comportamiento de los niños, pero las acciones de los padres son las que más influyen en ellos a largo plazo.

3. ¿Influyen los medios de comunicación el comportamiento de nuestros hijos?

   Respuesta A: Los medios de comunicación, ya sea la televisión o la música, condicionan el comportamiento de nuestros hijos.

4. ¿Qué es lo que más influye en los niños a largo plazo?

Respuesta A: Cuando llegan a ser adultos, la mayoría de las personas tienden a volver a los valores primarios con los que han sido educadas y cuyo ejemplo han predicado sus padres.

Descuidar las necesidades especiales

L OS NIÑOS EXPERIMENTAN una
gran variedad de emociones y manifiestan algunos comportamientos extraños.
Por fortuna, la mayor parte de esos sentimientos y actos
son relativamente normales y es posible manejarlos si los
padres mantienen una actitud positiva y sólida. Sin
embargo, como los niños no suelen venir al mundo con un
manual de instrucciones, a los padres a menudo les resulta
difícil reconocer qué comportamiento sale de lo normal y
requiere que se le preste una atención especial o una
ayuda exterior.

Todos los niños son únicos. Cada niño tiene una diferente constelación de fuerzas, debilidades, intereses, habilidades y vulnerabilidades. Debido a la combinación entre
las experiencias vitales y su natural predisposición, los
niños difieren en cuanto a sus niveles de actividad, timi-
dez, agresividad, capacidad para tolerar la frustración y
una gran variedad de otros factores relacionados con la
personalidad.

Cuando los niños crecen, los padres toman conciencia de
las características únicas de su personalidad. Algunas de
estas peculiaridades son muy positivas y deberían ser esti-
muladas, en tanto que otras tendencias pueden ser potencialmente conflictivas y deberían modificarse. El secreto es
reconocer cuáles son los rasgos que deben fomentarse y cuáles deberían ser modificados.

Un niño que es muy activo físicamente puede ser alentado a practicar deportes como una lógica extensión de su natural habilidad. Si un niño o niña muestra interés por la música, es obvio que se les debe estimular su interés por ella. Sin embargo, si un niño o una niña tienen una carácter reservado y prefieren las tareas intelectuales, no se les debería forzar a practicar deportes o a hablar en público, lo que les resultaría muy incómodo.

La mayoría de los niños que son sanos muestran una tendencia hacia algunos comportamientos que podrían causarles problemas en el futuro. Los padres, que conocen su personalidad única deberían estar alerta para descubrir dichas conductas e intentar modificarlas.

Por ejemplo, Lindsey revela a veces una fuerte necesidad de agradar a otras personas. Aunque uno de sus rasgos destacados es la moderación, yo deseaba asegurarme que no necesitaba excesivamente la opinión de los demás para sentirse bien consigo misma. De modo que cuando cierto día llegó a casa muy disgustada por no haber sacado un sobresaliente en matemáticas, inmediatamente le aseguré que lo que realmente me había impresionado era el *esfuerzo* que había realizado y no su nota.

En ocasiones los niños se comportan de un modo que indica un serio problema latente. Con mucha frecuencia, los padres tienen deficultades para distinguir un problema de menor importancia o una etapa pasajera de una situación que requiere una intervención especializada o más atenta. Algunos principios generales pueden ser de gran ayuda.

Para determinar si una conducta es realmente problemática, los padres deben observar si dura demasiado tiempo, si es inusualmente intensa o si afecta el funcionamiento diario del niño o de la niña.

Con mucha frecuencia, los padres tienen dificultades para distinguir un problema de menor importancia o una etapa pasajera de una situación que requiere una intervención especializada o más atenta.

En la consulta veo muchos niños que realmente necesitan una atención especial. Muchos de ellos se hubieran beneficiado si su problema se hubiera tratado más tempranamente. Algunos niños manifiestan graves problemas con su autoestima y un deterioro de su rendimiento personal cuando llegan a la consulta.

De ninguna manera estoy culpando a los padres por no ser capaces de reconocer el problema y acudir antes a la consulta. En la gran mayoría de los casos, reaccionaban lo mejor que podían e ignoraban que el niño necesitaba otro tipo de ayuda. Simplemente, no tenía acceso a una información que los alertara sobre el problema y los condujera a buscar la ayuda adecuada.

Es imposible tratar todos los problemas especiales que un niño puede atravesar en unas pocas páginas. Sin embargo, expondré algunas de las áreas más problemáticas para que los padres puedan reconocer las conductas y buscar el tratamiento apropiado. A continuación me ocuparé de los problemas más comunes que observo al tratar niños y adolescentes.

Desorden de hiperactividad y falta de atención

Tommy comenzó a gritar y a tener rabietas cuando era muy pequeño. A diferencia de la mayoría de los niños, nunca salio de sus «terribles dos años». Cuando comenzó a ir a la escuela, no podía permanecer sentado y soltaba abruptamente respuestas durante la clase. Siempre tenía problemas con su maestra y con sus compañeros.

Diane nunca tuvo problemas de comportamiento en su casa ni en la escuela. Los profesores la querían y sacaba buenas notas. Cuando llegó al tercer grado, los profesores se quejaban de que soñaba despierta y no prestaba atención. En cuarto grado, sus notas disminuyeron considerablemente y a menudo no lograba aprobar las asignaturas. Cada vez era más difícil que hiciera sus deberes.

Tanto Tommy como Diane sufren del desorden de hiperactividad y falta de atención (ADHD)*. Este síndrome afecta del 5 al 10 por 100 de los niños en edad escolar de los EE.UU., es el más común de la infancia y de la adolescencia, y es tres veces más frecuente en niño que en niñas.

Los niños que sufren de ADHD tienen síntomas en dos de las áreas más importantes: falta de atención y hiperactividad/impulsividad. En estos ejemplos, la conducta de Tommy era principalmente demasiado activa e impulsiva. Como su comportamiento era tan desorganizado, resultaba bastante fácil advertirlo. El caso de Diane, en contraste, se caracterizaba esencialmente por problemas de atención y concentración que se manifestaban más sutilmente, y por lo tanto, eran más difíciles de descubrir. Algunos niños exhiben síntomas de falta de atención, hiperactividad y/o impulsividad en diversos grados.

En general, los niños con ADHD tienen dificultad para detectar la estimulación visual o auditiva, y debido a ello les resulta difícil concentrarse especialmente en clase. En un aula existen muchas distracciones: más de 20 niños, instrucciones de la profesora, timbres y ruidos en el pasillo.

Los niños con problemas de atención a menudo son desorganizados y no completan sus trabajos en clase. Si se les da más de una tarea para hacer en casa, con frecuencia se distraen antes de completar el tema inicial. Pueden ser impulsivos y propensos a los accidentes. Su trabajo escolar puede ser descuidado y desordenado.

Muchos de estos niños tienden a relacionarse mejor con sus compañeros de uno en uno que en grupo. Pueden tener dificultades para esperar o ser «mandones». Los juegos en grupos pueden terminar en peleas, en actos impulsivos o en sentimientos heridos.

Padecer el ADHD puede ser sumamente difícil. Estos niños son normalmente más inteligentes de lo normal y se sienten muy frustrados cuando no son capaces de hacer las cosas bien

---

* Abrieviatura del inglés *attention-deficit hyperactivity disorder*. *(N. de la T.)*

en clase o en casa. Imaginen lo que debe ser sacar peores notas que los compañeros cuando se comprende perfectamente la lección. Imaginen también que los maestros constantemente dicen frases como «No te esfuerzas», «Eres perezoso(a)» o «Si prestaras atención y te ocuparas de tu trabajo». Luego imaginen que ese niño va a casa y lo castigan por meterse en problemas en el colegio. En estas circunstancias no tardaría usted mucho en abandonarlo todo.

Padecer el ADHD puede ser sumamente difícil. Estos niños son normalmente más inteligentes de lo normal y se sienten muy frustrados cuando no son capaces de hacer las cosas bien en clase o en casa.

Muchos padres preguntan: «Acaso no todos los niños muestran estos signos ocasionalmente?» La respuesta es sí. Sin embargo, en el caso del ADHD estos síntomas son la regla y no la excepción.

Es muy importante que si un niño muestra las características que acabo de describir se lo trate lo más pronto posible para descubrir si padece este síndrome. Sin tratamiento, estos niños pueden sentirse cada vez más frustrados y perder el interés por los estudios. Tienen una mayor tendencia a abandonar los estudios, a abusar de las drogas y a transgredir las leyes porque son incapaces de obtener una atención positiva de sus padres, maestros y compañeros, que necesitan para desarrollar un sentido positivo de su ser.

El ADHD es generalmente considerado como un problema neurológico hereditario. Muchas veces cuando estoy describiendo los síntomas de un niño a sus padres, alguno de ellos frecuentemente asiente con la cabeza y comenta: «Me recuerda a mí mismo».

Si usted sospecha que su niño o niña puede presentar el ADHD, debe acudir a varios profesionales para que establezcan un diagnóstico. Desgraciadamente, no existe ninguna prueba tal como un análisis de sangre o de orina para determinar si un niño padece este desorden. A menudo se recurre a un psicólogo que se preocupará por averiguar su historia, hará observaciones de su comportamiento y prueba de diagnósticos específicos. Es preciso considerar la conducta del niño en múltiples *situaciones* y, por lo tanto, se debe obtener ayuda de los padres, maestros y profesionales adecuados.

Si se determina que un niño sufre de ADHD, se lo debe encaminar a un pediatra, a un psiquiatra infantil o a un neurólogo infantil para establecer la medicación apropiada. Lo que se receta normalmente son estimulantes del sistema nervioso central, como el Ritalin, que mejora en gran medida la capaciedad del niño para concentrarse. Un psicólogo puede ayudar a los padres a aprender los pasos necesarios para ayudar al niño y coordinar su apoyo con el de los maestros y el director del colegio.

Los niños que han sido diagnosticados con ADHD responden mejor al orden, a la motivación y a las actitudes positivas. Necesitan ser recompensados por mantenerse interesados en sus tareas y comportarse adecuadamente. Muchos de los conceptos mencionados en otra parte del libro, como dar ejemplo, ser firme, encontrar los momentos en que los niños se portan bien y ofrecerles un orden, son especialmente importantes para esto sniños.

Los maestros que tienen en su clase alumnos con ADHD pueden ayudarles de la siguiente manera:

- Expresar claramente las reglas a respetar en clase.
- Anunciar diariamente los temas y la programación.
- Advertir por anticipado los cambios de la programación.
- Sentar al niño o a la niña con un compañero que le sirva de modelo positivo.
- Dejar los temas más exigentes para las primeras horas de la mañana.
- Utilizar los recreos como incentivos para quienes terminan sus tareas.
- Combinar las actividades más interesantes con las que despierten menos interés.
- Utilizar múltiples medios y múltiples estímulos sensoriales.

Un tratamiento positivo para estos niños requiere un diagnóstico preciso y la intervención y cooperación de los padres, los maestros y los profesionales de la salud apropiados.

Dificultades de aprendizaje

A los catorce años, Doris parece algo diferente que otros chicos y chicas de su edad. Es bastante tímida y rara vez se relaciona con los demás. No demuestra interés por hacer cosas nuevas y nunca le ha gustado ir al colegio. Odia la lectura y las matemáticas porque los números y los símbolos siempre parecen mezclarse.

Will también tiene problemas en el colegio. Le disgusta especialmente tener que hablar delante de toda la clase o escribir informes sobre libros. A diferencia de Doris, no tiene dificultades con la lectura ni con las matemáticas. Sin embargo, no puede transmitir a los demás lo que sabe. Cuando intenta escribir un ensayo o resumir un libro frente a sus compañeros, sabe exactamente lo que quiere decir pero no puede expresarlo.

Dennis, que ahora tiene treinta y cinco años, siempre ha tenido problemas para entender lo que la gente decía, todas las palabras le sonaban iguales. Sus padres se sentían frustrados y a menudo le gritaban por no prestar atención o por ser perezoso. En la escuela, le resultaba difícil comprender las lecciones. Suspendía la mayor parte de las asignaturas y finalmente abandonó el colegio a los dieciséis años.

Doris, Will y Dennis tienen problemas de aprendizaje.

Un problema de aprendizaje es un desorden que afecta la capacidad de una persona para interpretar la información exterior correctamente o para conectar la información que recibe de las distintas partes del cerebro. Las dificultades de aprendizaje no tienen nada que ver con la inteligencia. Un niño o una niña pueden ser muy brillantes y tener problemas de aprendizaje.

Se puede pensar en las dificultades de aprendizaje como si se tratara de un sistema informático. Éste consiste en el ordenador, el teclado y la impresora. El ordenador se puede comparar con el cerebro; puede funcionar perfectamente, pero si se trata de alguien con problemas de aprendizaje, puede tener dificultades para procesar la información desde el «teclado», el entorno. A la inversa, puede tener problemas para obtener la información desde el ordenador hacia la «impresora», las partes del cerebro responsables de la expresión oral o escrita.

Las dificultades de aprendizaje duran toda la vida. En muchos casos afectan profundamente diversos aspectos de la vida de los niños como las tareas cotidianas, los deberes escolares, las relaciones sociales o la vida familiar. Otros niños tienen dificultades muy específicas que no tienen demasiada incidencia en su vida diaria.

Un problema de aprendizaje es un desorden que afecta la capacidad de una persona para interpretar la información exterior correctamente o para conectar la información que recibe de las distintas partes del cerebro.

Los niños que tienen problemas de aprendizaje pueden tener también problemas de conducta similares a los niños que sufren de ADHD. De hecho, algunos de los niños con ADHD presentan dificultades de aprendizaje. Tener problemas para aprender puede ser muy frustrante para un niño puesto que le impedirá salir adelante con sus estudios y a la vez recibir la atención positiva de sus padres y maestros. Su autoestima puede resultar deteriorada.

Si su hijo(a) tiene problemas persistentes con algunas de las áreas descritas, es importante que se le haga una evaluación en la escuela o en la consulta de un psicólogo para determinar las áreas específicas del problema. El proceso generalmente consiste en una exhaustiva evaluación intelectual (una prueba C.I.) y diversas pruebas sobre áreas muy específicas. Si el rendimiento del niño o la niña en un área determinada no responde a lo esperado para su C.I., es probable que exista un problema de aprendizaje del que es preciso ocuparse. Las dificultades de aprendizaje no responden a un tratamiento con medicación y no se pueden «arreglar». La clave es conseguir ayuda del colegio y concentrarse en la forma mediante la cual el niño o la niña aprenden con más facilidad.

Solía trabajar con una mujer muy vital y brillante que se llamaba Diane. Cuando la conocí, tenía mucho éxito en su profesión y también en la vida en general. Sin embargo, pronto supe que no siempre había sido así.

Diane había crecido creyendo que era tonta. Constantemente tenía problemas en el colegio. Cuando terminó los estudios secundarios, estaba convencida de que no sería capaz de ir a la universidad. Por fortuna, le hicieron una prueba cuando se inscribió en una universidad de la comunidad. Entonces descubrió que era inteligente pero que tenía un problema de aprendizaje: le resultaba extremadamente difícil retener lo que leía. ¡No es de extrañar que tuviera problemas en el colegio!

A través del ensayo y el error, Diane aprendió a compensar su incapacidad para memorizar lo que leía. Descubrió que si leía en voz alta y grababa las clases, era capaz de recordar lo que leía. Estaba encantada de descubrir que simplemente al encontrar un nuevo método para absorber la información podría estudiar en la universidad. ¡Incluso logró hacer un máster!

Los colegios deben ser lugares donde se atienda a niños con determinadas discapacidades o necesidades especiales. La mayoría ofrecen clases de educación especial con profesores especializados. A veces es efectiva una simple modificación en clase, como darle al alumno más tiempo para terminar una prueba o dejarlo hacer su tarea con el ordenador.

Aunque los niños con problemas de aprendizaje pueden necesitar una ayuda especializada, lo más importante es darles amor, atención y una estimulación constante. Es

importante comprender que los problemas de aprendizaje
son, en verdad, problemas de la vida. No sólo interfieren
con el rendimiento escolar, sino también con diversos
aspectos de la vida del niño. Al ocuparse y destacar el
talento o las habilidades del niño o la niña, se les ayuda a
ser positivos y sentirse seguros de sí mismos; esta es una
tarea esencial de los padres en todos los casos, pero muy
especialmente con niños que presentan problemas de
aprendizaje.

Depresión infantil

Marla siempre había sido una niña muy dulce. Sus padres
coincidían en que su comportamiento siempre era ejemplar.
Le iba bien en el colegio, tenía muchos amigos y era respe-
tuosa con los adultos. Ahora, a sus ocho años, Marla parece
otra niña.

Durante los últimos meses, Marla ha empezado a quejarse del colegio. Es muy difícil lograr que se levante por las
mañanas. A menudo se muestra irritable y nerviosa, grita a
sus padres y refunfuña cuando se le pide que ayude con las
tareas domésticas. No llama a sus amigas tanto como antes
y cuando éstas vienen a sus casa con frecuencia se pelean.
Marla está deprimida.

Como adultos, la mayoría de nosotros tenemos alguna idea
de lo que significa estar deprimidos. Frecuentemente, estas
reacciones son comprensibles si responden a un suceso
reciente. Por ejemplo, sería absolutamente inusual no sentirse deprimido cuando muere alguien que amamos.

En los adultos, estos sentimientos depresivos pueden ser
más pronunciados y persistentes, conduciendo a un diagnóstico de depresión profundo. Se considera que un adulto está
deprimido cuando presenta alguno de los siguientes síntomas:

- Pérdida de interés por las actividades normalmente placenteras.
- Aislamiento creciente.
- Baja energía o agotamiento.
- Dificultad para concentrarse y/o para tomar decisiones
- Baja autoestima.
- Poco apetito o una prolongada tendencia a comer en exceso.
- Problemas para dormir.
- Desesperanza.
- Pensamientos persistentes sobre la muerte o el deseo de morir.

Aunque no siempre lo reconocemos, los niños también sufren de depresiones. Es mucho más difícil precisar cuándo está deprimido un niño porque normalmente no verbalizan sus sentimientos. Como consecuencia, muestran su depresión a través de sus actos.

Un niño que está deprimido puede no ser capaz de expresar exactamente a sus padres cómo se siente. Sin embargo, puede mostrar signos de retraimiento, falta de apetito o problemas para dormir, cambios en sus relaciones sociales, una creciente irritabilidad, letargia o fracaso escolar. La clave para reconocer la depresión infantil es observar si existen *cambios significativos* en su comportamiento habitual y si dichos cambios persisten durante varias semanas.

Recuerden que todos los niños, como los adultos, atraviesan diferentes estados de ánimo. Una mala semana en el colegio o estar triste porque se ha muerto una mascota no justifica un diagnóstico de depresión. Una vez más, es importante esperar que los cambios de la conducta del niño o de la niña sean notorios y que persistan durante un tiempo. Los niños, como los adultos, tienen más probabilidades de sufrir una depresión si existen antecedentes familiares.

Los padres que hayan advertido alguno de los cambios descritos y estén preocupados porque su hijo(a) puedan estar deprimidos deberían hacer una consulta. Un prudente paso inicial sería dirigirse al colegio para preguntar a los maestros y tutores si ellos han observado cambios en la conducta o en el rendimiento escolar del niño o la niña. Quizá obtengan una respuesta simple como que el mejor amigo de su hijo(a) juega ahora con otros compañeros. Por otro lado existe la posibilidad de que la maestra haga observaciones que indiquen algún problema.

En este caso, los padres deberían contactar con un profesional de la salud mental para que evalúe el estado del niño o la niña. Si se diagnostica una depresión, la psicoterapia puede resultar muy efectiva. En algunos casos, también puede ser útil y necesario indicar una medicación.

Cuando los síntomas de la depresión se deben a un factor específico, como la pérdida de una mascota muy querida, la muerte de uno de los abuelos o la mudanza de un buen amigo a otra ciudad, los padres pueden ayudar a sus hijos a expresar sus sentimientos. Cuando los niños son menores de diez años, pueden tener dificultades para explicar cómo se sienten. Los padres deben alentar a sus hijos a hablar de sus sentimientos, comentando cómo se sintieron ellos en una situación semejante, pero nunca deben presionarlos. Los padres no deberían indicar a sus hijos lo que deben sentir, sino hacerles saber que es normal lo que sienten y que están dispuestos a escucharlos. En ocasiones también resulta útil hablar con ellos de los buenos recuerdos que se tienen de la persona o animal perdido.

> Los padres deben alentar a sus hijos a hablar de sus sentimientos, comentando cómo se sintieron ellos en una situación semejante, pero nunca deben presionarlos.

Miedos y ansiedades infantiles

Todos sentimos miedo y ansiedad. En realidad, el miedo es una respuesta de adaptación que nos ayuda a evitar situaciones peligrosas. El miedo se convierte en un problema cuando se manifiesta en respuesta a situaciones imaginadas o cuando interfiere con el funcionamiento normal y cotidiano.

En los niños, ciertos miedos son comunes en determinadas etapas del desarrollo. He aquí una lista parcial de miedos normales y la edad en que suelen manifestarse:

Edad	Origen del miedo
0-6 meses	Ruidos fuertes.
6-9 meses	Adultos que no sean los conocidos; miedo a caerse.
2 años	Truenos; monstruos; objetos grandes (coches, trenes, etc.).
3 años	Animales; la oscuridad; miedo a estar solos.
4 años	Animales grandes; miedo a que los padres se marchen (por la noche o para ir al trabajo, etc.); la oscuridad.
5 años	La oscuridad; miedo a caerse; perros.
6 años	Monstruos, fantasmas, brujas; ladrones; miedo a algo o alguien bajo la cama; ir al médico o al dentista.

Estos y otros miedos similares son comunes a muchos niños y no revisten importancia a menos que persisten durante mucho tiempo y/o sean muy intensos e interfieran la conducta normal de los niños. Los padres deben asegurarse de que el niño o niña se comporten de la forma habitual. No se debería permitir que un niño o niña eludan irse a la cama por temor a los monstruos, ya que esto podría reforzar el miedo y, como consecuencia, será más difícil calmar al niño (¡y conseguir que se vaya a dormir!).

Fobia simple

Una fobia simple se caracteriza por un miedo persistente a un objeto o actividad determinados, a menudo perros, serpientes y arañas. Otras fobias comunes incluyen el miedo a las alturas, a los espacios cerrados y a volar. Un miedo sólo se considera una fobia si causa una angustia extrema o si afecta las actividades normales.

Fobia al colegio

Una fobia común que no se incluye en un diagnóstico formal es la fobia al colegio. Se manifiesta por el rechazo de un niño o niña a ir al colegio que buscará diversas excusas para quedarse en casa, incluso pretendiendo estar enfermos cuando no lo están.

Tratamiento de las fobias

En general, todas las fobias se pueden tratar fácilmente acudiendo a la consulta de un psicólogo u otro profesional de la salud mental. El tratamiento normalmente consiste en exponer al niño gradualmente al objeto o situación temidos, primero a través de imágenes y finalmente al objeto o situación real. También resulta útil enseñar al niño a pronunciar frases positivas que le ayuden a tener mejor capacidad de adaptación.

Estas frases son cosas que nos recordamos cada día, generalmente sin tener consciencia de que lo hacemos. Algunos ejemplos pueden ser: «Uau, esta pizza está caliente» o «Ese coche es precioso». Esta voz interior es particularmente activa cuando nos sentimos temerosos o inseguros. Las frases que pueden aumentar nuestro estado de ansiedad pueden ser, por ejemplo: «Soy incapaz de hablar frente a todas esas personas» o « Sé que algo malo va a suceder hoy en el colegio». Al enseñar a los niños a utilizar esta voz interior de forma positiva para reafirmarse les ayudamos a controlar sus miedos e inseguridades.

Desorden de ansiedad extrema

Este es otro tipo de ansiedad patológica que existe cuando un niño o niña experimenta una ansiedad persistente y extrema sobre una gran variedad de cosas o situaciones durante un prolongado periodo de tiempo. Este tipo de ansiedad puede suponer una enorme necesidad de reafirmación, perfeccionismo, miedo al rechazo y una extrema preocupación sobre hechos pasados o futuros. Este desorden es muy común en los niños cuyos padres han colocado minas mentales que les transmiten que deben alcanzar un cierto nivel de logros para ser queridos y aprobados.

Desorden obsesivo-compulsivo

Esta perturbación se relaciona estrechamente con la ansiedad generalizada presente en el desorden de ansiedad extrema. Los niños afectados por este problema se muestran normalmente más ansiosos sobre hechos futuros o situaciones pasadas.

Algunos niños que generalmente se sienten ansiosos desarrollan rituales y conductas reiterativas que utilizan para disminuir su ansiedad, tal como lavarse, contar o repetir mentalmente conjuros mentales. Una vez más, estos rituales no constituyen un grave problema a menos que afecten las actividades normales. Cuando los rituales interrumpen la vida diaria, los padres deben consultar con un profesional cualificado.

Consideremos el caso de Terrance, cuya madre lo trajo a mi consulta. A los diez años, el niño comenzó a permanecer despierto hasta altas horas de la noche practicando un ritual. Debía abrir y cerrar veinte veces la cremallera de su mochila escolar, encender y apagar la luz y verificar cada objeto de su habitación antes de dormirse. A los once años, Terrance se iba a dormir tan tarde debido a sus rituales que su rendimiento escolar había disminuido notablemente.

Después de varias semanas de terapia, se hizo evidente que Terrance tenía un gran miedo al fracaso, a no dar la talla. Sus padres eran ambos muy inteligentes y habían sido excelentes estudiantes. Después de suspender un examen a causa de una enfermedad que le había restado tiempo para estudiar, se mostró extremadamente temeroso de que volviera a sucederle algo semejante. Después de aplicar con él diversas estrategias de adaptación y de trabajar con sus padres para que expresaran expectativas más realistas, Terrance se convirtió en un chico feliz que obtiene buenas notas en el colegio.

Como otros problemas infantiles, muchos problemas de ansiedad se pueden evitar si los padres se comunican abiertamente con sus hijos y les transmiten un mensaje de amor incondicional. Los niños necesitan saber que su nivel de rendimiento es algo independiente del amor y de la aprobación de los padres. Los niños que desarrollan desórdenes de ansiedad o miedos irreales responden muy bien a los tratamientos psicológicos adecuados.

> Como otros problemas infantiles, muchos problemas de ansiedad se pueden evitar si los padres se comunican abiertamente con sus hijos y les transmiten un mensaje de amor incondicional.

Conclusión

Espero sinceramente que como padres no tengan que afrontar ninguno de los problemas expuestos en este capítulo. Sin embargo, una minoría significativa de niños experimentan uno o más problemas que requieren atención especial. Para aquellos padres que deben afrontar estos temas, es importante que se informen sobre el estado específico de su hijo(a). Cuanto más información obtengan, más posibilidades tendrán para ayudarlo.

Es extremadamente importante para un niño con ADHD, problemas de aprendizaje o de ansiedad, contar con la ayuda de sus padres. La mayoría de los educadores y muchos profesionales no están bien informados sobre este tipo de problemas. Corresponde a los padres actuar como defensores e informar a las personas indicadas las necesidades particulares de sus hijos. Es de extrema importancia coordinar los esfuerzos de los médicos, psicólogos y educadores. Los padres tienen la responsabilidad de asumir el problema del niño.

Cosas para recordar

Descuidar las necesidades especiales

- Muchos niños experimentan conductas y estados de ánimo extraños pero que son transitorios y normales.
- Una minoría de niños experimenta síntomas que requieren la intervención de educadores, médicos y/o psicólogos.
- Los padres deben preocuparse por un comportamiento aparentemente conflictivo en el caso de que persista durante un periodo prolongado, sea inusualmente grave o interfiera en la vida diaria del niño(a).
- En algunos casos se debe consultar con un profesional:

  Desorden de hiperactividad y falta de atención.
  Problemas de aprendizaje.
  Depresión infantil.
  Desorden de ansiedad extrema.
  Desorden obsesivo-compulsivo.
  Fobias.

- Si los niños tienen necesidades particulares, sus padres deben actuar como agresivos defensores de sus hijos.

Autoprueba 9

1. La mayor parte de los comportamientos aparentemente conflictivos de los niños son etapas .... del desarrollo.

   A. Normales
   B. Anormales

2. Los padres deberían preocuparse por un comportamiento potencialmente conflictivo si:

   A. Afecta las actividades normales diarias.
   B. Si se prolonga demasiado tiempo.
   C. Si es inusualmente grave.
   D. Todas las anteriores.

3. Los niños que padecen .... tienen dificultad para filtrar la estimulación visual o auditiva, que les dificulta la atención y concentración.

   A. Un desorden de hiperactividad y falta de atención.
   B. Problemas de aprendizaje.
   C. Depresión infantil.
   D. Desorden de ansiedad extrema.
   E. Fobias.
   F. Desorden obsesivo-compulsivo.

4. Los síntomas de este desorden incluyen agotamiento, aislamiento, problemas para dormir, pobre autoestima y pérdida de interés por actividades placenteras.

   A. Un desorden de hiperactividad y falta de atención.
   B. Problemas de aprendizaje.
   C. Depresión infantil.
   D. Desorden de ansiedad extrema.
   E. Fobias.
   F. Desorden obsesivo-compulsivo.

5. Los niños que padecen .... pueden tener mayores dificultades en los temas más importantes o para diferenciar la izquierda de la derecha, problemas visuales espaciales o con la formación de conceptos.

  A. Un desorden de hiperactividad y falta de atención.
  B. Problemas de aprendizaje.
  C. Depresión infantil.
  D. Desorden de ansiedad extrema.
  E. Fobias.
  F. Desorden obsesivo-compulsivo.

6. Los niños que sufren este desorden padecen un miedo irreal y persistente a un determinado objeto o actividad.

  A. Un desorden de hiperactividad y falta de atención.
  B. Problemas de aprendizaje.
  C. Depresión infantil.
  D. Desorden de ansiedad extrema.
  E. Fobias.
  F. Desorden obsesivo-compulsivo

7. Los niños que sufren este desorden tienden a apoyarse en rituales para reducir su nivel de ansiedad.

  A. Un desorden de hiperactividad y falta de atención.
  B. Problemas de aprendizaje.
  C. Depresión infantil.
  D. Desorden de ansiedad extrema.
  E. Fobias.
  F. Desorden obsesivo-compulsivo

8. Los niños afectados por este desorden están generalmente muy ansiosos por acontecimientos pasados o futuros.

  A. Un desorden de hiperactividad y falta de atención.
  B. Problemas de aprendizaje.
  C. Depresión infantil.
  D. Desorden de ansiedad extrema.

E. Fobias.

F. Desorden obsesivo-compulsivo.

Respuestas

1. La mayor parte de los comportamientos aparentemente con-
    flictivos de los niños son etapas .... del desarrollo.

    Respuesta A: Los niños tienen diversos problemas de con-
    ducta que no requieren intervención profesional.

2. Los padres deben preocuparse por un comportamiento
    potencialmente conflictivo si:

    Respuesta D: Los padres deberían considerar buscar más
    información o ayuda profesional si observan una o más de
    las situaciones mencionadas.

3. Los niños que padecen .... tienen dificultad para
    filtrar la estimulación visual o auditiva, que les dificulta la
    atención y concentración.

    Respuesta A: El desorden de hiperactividad y falta de aten-
    ción puede tener un componente hiperactivo o simplemente
    puede incluir problemas de atención y concentración. Este
    estado es particularmente conflictivo en el marco escolar.

4. Los síntomas de este desorden incluyen agotamiento, aisla-
    miento, problemas para dormir, pobre autoestima y pérdida
    de interés por actividades placenteras.

    Respuesta C: Es importante para los padres estar atentos a
    estos síntomas porque los niños tienen dificultades para
    expresar con palabras sus sentimientos.

5. Los niños que padecen .... pueden tener mayores
    dificultades en las asignaturas más importantes, para dife-
    renciar la izquierda de la derecha, con la formación de con-
    ceptos o problemas visuales espaciales.

Respuesta B: Los problemas de aprendizaje pueden afectar profundamente el rendimiento escolar y la autoestima.

6. Los niños que sufren este desorden padecen un miedo irreal y persistente a un determinado objeto o actividad.

Respuesta E: Las fobias se centran en diversos objetos como los insectos, la escuela, un viaje, volar o separarse de los padres.

7. Los niños que sufren este desorden tienden a apoyarse en rituales para reducir su nivel de ansiedad.

Respuesta F: Algunos rituales son normales en los niños más pequeños y sólo se convierten en un conflicto cuando afectan las actividades cotidianas.

8. Los niños afectados por este desorden están generalemnte muy ansiosos por acontecimientos pasados o futuros.

Respuesta D: Un niño (o niña) que padezca ansiedad extrema está temeroso y estresado la mayor parte del tiempo.

Olvidarse de las diversiones

C OMO ADULTOS, a menudo nos olvidamos cómo era ser niños. Quedamos atrapados en los intentos diarios de ganarnos la vida, pagar la hipoteca y mantener a los hijos. Olvidamos que nuestros hijos tienen valiosas lecciones que darnos. Si somos receptivos, ellos pueden enseñarnos a incluir en nuestras vidas la fantasía y el interés que todos hemos descuidado en uno u otro grado. Pueden recordarnos que hay que vivir el presente.

Los niños viven con un maravilloso sentido de la inmediatez. Rara vez piensan lo que ha pasado hace un mes o lo que sucederá la próxima semana. Pasan sus días explorando sus mundos a través de la vista, el sonido, el tacto, el olfato y la fantasía. Su mundo está lleno de magia y en él todo es posible.

Las personas que he encontrado en mi vida que son realmente felices son aquellos individuos que han luchado activamente para mantener sus cualidades infantiles. Mientras el mundo intenta cargarlos con obligaciones, sucesos, reglas y un rígido sentido de lo que es correcto, ellos luchan por mantener una fascinación directa y fluida con la vida.

En mi profesión, puede ser francamente fácil sentirse agobiado por el volumen y la magnitud de los problemas que ayudo a resolver diariamente. Sin embargo, no dejo de recordar la cantidad de veces que Lindsey me ha llevado otra vez al presente debido a su enfoque lúdico de la vida.

No importa cuál sea la carga que esté soportando en un momento determinado esta se evapora mientras la observo cazar mariposas o trepar a un árbol. El brillo de sus ojos mientras lee un cuento nuevo o sus chillidos de gozo en un desfile de carnaval siempre me sumergen en su mundo de sensaciones, movimiento y fantasía.

Lindsey y yo siempre bromeamos a cerca de quién es el niño real. Ella y otros niños con los que he trabajado me han ayudado a despertar el niño que llevo dentro. ¡Y se lo agradezco infinitamente!

Creo que los padres deben fomentar, junto con el sentido de responsabilidad e independencia, ese sentido natural de curiosidad lúdica y de fantasía que todos los niños traen naturalmente a nuestras vidas. Y es mucho mejor sumarse a su forma de divertirse que enseñarles el valor de esa maravillosa capacidad. Lindsey todavía recuerda los viajes de fantasía que realizábamos en nuestro avión privado (en su cama y con un Frisbee haciendo de volante), o el castillo en el que pasamos varias noches de lluvia (las sábanas a modo de tienda sobre la cama y la silla). Cuando intervenimos en estos juegos, estamos realmente allí, experimentando todas las aventuras y disfrutando de estar juntos en cada odisea. Ella me ha enseñado a ser un niño otra vez, y yo le he enseñado que ser un adulto responsable también puede ser divertido.

Enseñar a los niños a disfrutar de cada día nos ayuda a vacunarlos contra una variedad de problemas potenciales en el futuro. Las investigaciones han demostrado que los adultos que utilizan el humor en sus actividades cotidianas son mucho más sanos. Sus sistemas inmunitarios son más fuertes y, por lo tanto, se enferman con menos frecuencia y se curan más rápidamente. Enseñar a los niños a

> **L**os padres deben fomentar, junto con el sentido de responsabilidad e independencia, ese sentido natural de curiosidad lúdica y de fantasía que todos los niños traen naturalmente a nuestras vidas.

reírse de sí mismos les ayuda a tomar las contrariedades de la vida con menos seriedad y en el futuro tenderán menos a la depresión, a la ansiedad o a los comportamientos compulsivos. Se sentirán más centrados y felices.

Para los padres, el truco consiste en estar muy conscientes en los momentos que compartimos con nuestros hijos. Es muy fácil estar con ellos, pero en el fondo estar pensando en algo que sucedió en el trabajo o en que debemos cortar la hierba. Recuerden que los niños aprenden más de lo que usted hace que de lo que dice.

Estar en el presente quiere decir vivir cada instante plenamente, encontrar placer en lo que está frente a usted, incluso en las pequeñas cosas. Los niños aprenden este concepto de sus padres a una edad temprana. Si advierten que está usted distante o distraído, aprenden que lo que está sucediendo ahora no merece la pena o que es algo que hay que soportar. Por otro lado, si lo ven interesado y participando activamente de la situación aprenden a centrarse en lo que hacen. De este modo aprenden a ser más felices y más entusiastas.

Incluso las tareas mundanas pueden darnos la oportunidad de divertirnos. Cantar, mientras se barre el patio o inventar juegos durante las tareas de la casa enseña a los niños a que vivan aquí y ahora. Les ayuda a sentirse más satisfechos en vez de pensar que lo que vale la pena está a la vuelta de la esquina. Enseñe a sus hijos a disfrutar del momento y descubrirá cuánto más felices son. Además, esta actitud hace que la tarea de ser padres resulte mucho más divertida.

Habrá usted aprendido varias cosas durante la lectura de este libro. Primero, que educar a los hijos no es un proceso pasivo. Debe ser una prioridad. Ser buenos padres implica participar activamente en la vida de los hijos. E independiente de que seamos conscientes de ello o no, todo lo que hacemos afecta significativamente a los niños. Una vez más, no se nace siendo padre, sino que es una función que se construye.

Una vez comprometidos a ser padres activos, la experiencia resultará muy gratificante. Muchos de mis clientes se quejan de sus trabajos, matrimonios e hijos. Sin embargo, nunca he encontrado a nadie que se haya comprometido activamente con sus hijos que se quejara de esa experiencia. Muchos de nosotros aprendemos más de nuestros hijos de lo que somos capaces de enseñarles.

> Una vez comprometidos a ser padres activos, la experiencia resultará muy gratificante.

El cometido de los padres comienza, y en el mejor de los casos siempre lo es, por ser maestros. Expresando a nuestros hijos amor incondicional, cuidándose de no colocar minas mentales y cooperar y comunicarse con ellos de una manera activa es un ejercicio diario. Tanto los castigos como los incentivos representan valiosas lecciones para los niños sobre el modo en que funciona el mundo en el que vivimos.

Cuando los niños crecen y se transforman en adolescentes, disminuye nuestro control sobre ellos. Por lo tanto, nuestro papel de padres cambia; dejamos de ser maestros para convertirnos en consejeros. Un padre o una madre sabios reconocen esta progresión natural y se adaptan a ella intentando guiar a sus hijos mientras luchan por ser adultos responsables e independientes. Durante este proceso, los recursos más importantes son una comunicación abierta, escucharlos reflexivamente y ayudarles a resolver sus problemas.

Las últimas líneas:

- Hagan que la educación de sus hijos sea una prioridad.
- Participen activamente en la vida de sus hijos.
- Enseñen lecciones positivas a sus hijos con las palabras y con los hechos.
- Aprendan de sus hijos.
- ¡Diviértanse!

Autoprueba 10

1. Los niños experimentan un fuerte sentido de:

   A. Vivir el momento.
   B. *Déjà vu.*
   C. Apatía.

2. Demasiado a menudo, los padres se sienten agobiados por sus tensiones diarias y se olvidan de que ser padres puede ser:

   A. Agotador.
   B. Caro.
   C. Divertido

3. El cometido correcto de los padres debe ser de:

   A. Jefes.
   B. Maestros.
   C. Presentador de un «reality show».

Respuestas

1. Los niños experimentan un fuerte sentido de:

   Respuesta A: Los niños experimentan intensamente todo lo que les sucede. Los padres pueden aprender mucho de esta capacidad.

2. Demasiado a menudo, los padres se sienten agobiados por sus tensiones diarias y se olvidan de que ser padres puede ser:

   Respuesta C: Los padres para quienes sus hijos son una prioridad y que son capaces de compartir el presente con ellos se sienten más gratificados que los que educan a sus hijos pasivamente.

3. El papel correcto de los padres debe ser de:

   Respuesta B: El objetivo más importante al educar a los hijos debe ser ayudarles a convertirse en adultos independientes, responsables y felices.